HOLT
2
FRENCH

Allez, viens!®

TPR Storytelling Book

HOLT, RINEHART AND WINSTON

A Harcourt Classroom Education Company

Austin • New York • Orlando • Atlanta • San Francisco • Boston • Dallas • Toronto • London

Contributing Writers

James C. May
Rufus King High School
Milwaukee, WI
Carol Gaab
Chandler, Arizona

Contributing Editor

Dana Chicchelly
Missoula, MT

Cover Photo/Illustration Credits
(c) Mask/Ribbons: Scott Van Osdol; students: Marty Granger/HRW Photo; (b) Digital Imagery® © 2003 PhotoDisc, Inc.; Illustration: Bob McMahon

Art Credits
All illustrations created by Fian Arroyo.

ALLEZ, VIENS! is a trademark licensed to Holt, Rinehart and Winston, registered in the United States of America and/or other jurisdictions.

Printed in the United States of America

ISBN 0-03-065478-5

1 2 3 4 5 6 7 066 05 04 03 02 01

Contents

To the Teacher

by Carol Gaab

Total Physical Response Storytelling (TPRS) is a highly communicative methodology that promotes unrivaled fluency and lasting communication skills. Based on TPR (the single best method for long-term retention of vocabulary) and The Natural Approach, TPRS embodies sound pedagogical principles and proven elements of successful language acquisition.

A common-sense approach to learning and teaching language, TPRS facilitates a *natural* order of acquisition. While many methods focus prematurely on activities which require *output,* or production, TPRS demonstrates the need for comprehensible input (CI) to facilitate effective and rapid language acquisition. Therefore, the primary goal of the method is to provide a myriad of "input-based activities" *before* students are required to speak. Forced speech (listen and repeat) is avoided, and language learners are expected and encouraged to pass through a silent period before production takes place. The silent period simply refers to the period during which a language learner is acquiring language and gaining listening comprehension skills, but is not yet able to speak.

TPRS offers many advantages as well. Because it is a multi-sensory methodology, it meets the needs of various learning styles. Gestures and acting, for example, meet the needs of kinesthetic learners; visual images (illustrations, props, puppets, live actors, etc.) satisfy the needs of visual learners; the tremendous amount of comprehensible input not only appeals to auditory learners and compensates for those who are not auditory learners. Students develop a real "ear for the language," learning to listen and respond with what *sounds* right.

TPRS promotes skills and activities that appeal to the right hemisphere of the brain, which dominates during early stages of language acquisition. The right brain processes body language, intonation, speech melody, visual imagery, etc. These stimuli, which are inherent in TPRS, help the language learner decipher and make meaning of messages, resulting in rapid internalization, acquisition and fluency. TPRS delays (not eliminates) the introduction of discrete grammar, which is a left-brain function. This is essential to avoid a raised affective filter and a hypersensitive speech monitor, two conditions that impede acquisition and delay fluency. Subsequently, TPRS supports the rationale that linguistic accuracy is a destination, not a point of departure.

The following pages provide step-by-step instructions for successfully and easily implementing TPRS. Although it is important to complete each step, it is not necessary to do each and every activity listed within each step. Numerous suggestions are given to provide variety and avoid monotony in the classroom.

There are three basic steps to TPRS:

1. **Introduce and practice new vocabulary.**
2. **Use the new vocabulary in a story.**
3. **Revise the story and intensify acquisition.**

STEP ONE:
Introduce and practice new vocabulary.

Begin by selecting three vocabulary items from the (new) vocabulary list. New vocabulary items may consist of an individual word or an entire phrase and should be introduced and practiced in a state that is natural to speech. For example, nouns are introduced with the appropriate article, expressions and idiomatic phrases are introduced in their entirety, and verbs are introduced in a conjugated state, one verb form at a time.

Practice should begin with the present tense, 3rd person singular. After several weeks of practice when students have become proficient with that verb form, continue introducing each new verb form in the following order: third person plural, first person singular, second person, and first person plural. Finally, when introducing new verb forms and tenses, be sure to use verbs with which students are already familiar. Treat/teach (new) grammar as if it were a new vocabulary item.

Each of the three new vocabulary items should be introduced one at a time and then practiced in groups of three at a time. Say each of the three new vocabulary items (in isolation) and convey meaning through gestures, props, pictures or mini-scenarios. At times a simple illustration will suffice, but many vocabulary items will require a more in-depth explanation or if possible, a direct translation.

Once students understand the meaning of the new vocabulary item, begin teaching the associated gesture. First, say the new word or phrase and then model the appropriate gesture for your students. Second, say the new word or phrase again and model the gesture with your students. Finally, say the new word or phrase and observe your students as they do the gesture without you. Observe and assess to ensure that students know the meaning of the vocabulary item and the corresponding gesture. Then, introduce the next two vocabulary items with the same process: teach the meaning of each item and the corresponding gesture. Assess students, and when students are ready, move on to TPR practice.

The goal of TPR practice is to provide an enormous amount of comprehensible input so that students will hear each vocabulary item sixty to seventy-five times. This repetitious input is necessary for the language learner to truly internalize the vocabulary. Repeating vocabulary items sixty to seventy-five times is a challenge, but the following suggestions will make it easy, fun, and effective.

After three new vocabulary items have been introduced, practice with gestures by giving students a variety of commands that require them to respond with a specific TPR gesture. Keep in mind that the older the student, the less time will be spent on gestures. High school students will spend only an average of two to five minutes doing gestures. Use a variety of the following commands for TPR practice with gestures:

- Novel commands are commands/narrations that include new words or new combinations of words which students have not heard before. Any new or unknown word can be used for TPR practice as long as it is made comprehensible. If *(s)he is hungry, (s)he eats, the wolf* are the new vocabulary items, then have your students act out the following: *The big wolf. The small wolf. The big wolf is hungry. The big wolf is really hungry.*

- Play commands are silly commands that are intended to practice vocabulary items and to liven up a dragging or lazy class. For example, if *eats* is one of the new vocabulary items to be practiced, play commands might include the following: *Eat your big toe. Eat your nose. Eat your pencil. Eat your homework. Eat your textbook. Eat your hand.*

- Chain commands are commands/narrations that include two to three new vocabulary items at a time. For example, if *(s)he is hungry, (s)he eats, the wolf* are the new vocabulary items, these three items would be randomly combined into groups of two to three. For example, *he is hungry, he eats; he eats, he is hungry; he is hungry, he eats, the wolf; the wolf, he eats, he is hungry; the wolf, he is hungry, he eats.* Chain commands enhance long-term retention by demonstrating the power of mental imagery during the acquisition process, as students find it necessary to visualize each portion of the command in order to successfully complete it.

Practice with personalized questions and answers and personalized mini-situations. Focusing on the new vocabulary items, ask students questions that pertain to their personal experiences, likes and dislikes, and individual personalities. For example, using the three new vocabulary items *(s)he is hungry, (s)he eats, the wolf,* the following questions will help students to personally relate to the new vocabulary: *Are you hungry? Do you eat liver? What do you like to eat? Do you eat wolf?* To keep students' attention, teach to their eyes and randomly call on them to answer questions. Once questioning becomes predictable, students will pay attention only when it is their turn to answer. Make questions interesting and humorous and use students' answers as a source of information for personalized questions and answers.

The purpose of a personalized mini-situation (also referred to as a mini-scenario) is to provide more Comprehensible Input in narrative form that focuses on the new vocabulary. A personalized mini-situation should contain no more than one to three new vocabulary items and three to four basic events/ideas (not including the minor embellishments that are made as you retell it). The following is an example of a mini-scenario based on the previous three vocabulary items: *(s)he is hungry, (s)he eats, the wolf. There is a wolf. The wolf is hungry. The wolf goes to the cafeteria and sees (student in the class). The wolf eats his/her french fries. Now (student in the class) is hungry.*

The personalized mini-situation should be told and retold a number of times to ensure that students have internalized the vocabulary items and can verbalize ideas and facts about the story. Each time the mini-situation is retold, small details should be added to keep it fresh and interesting: *There is a big wolf. The wolf is very hungry. The wolf goes to the cafeteria at lunch time. The wolf sees (student in the class). (S)he has french fries. The wolf eats his/her french fries. (Student in the class) cries all afternoon. (Student in the class) is very hungry.*

The key to TPR practice is to diversify activities. In addition to the above-mentioned (TPR practice) techniques, select a variety of input-based activities, including cooperative activities and games, music and songs, or chants and rhymes. The process of introducing individual vocabulary items and practicing them in groups of three at a time is repeated until all new vocabulary items have been introduced/practiced. Once students have had ample comprehensible input (60–75 repetitions of each new vocabulary item), have learners engage in partner practice.

Partner practice is a quick and easy way for students to practice identifying and verbalizing vocabulary items. One partner says the word while the other gives the corresponding gesture. Or, one partner gives the gesture, and the other says the word. Partner practice is a highly productive cooperative learning/teaching exercise that helps students maintain a low affective filter by allowing them to work with a peer with whom they feel comfortable. Once partners have practiced all the new vocabulary items, assess their degree of acquisition.

Assessment may take a variety of forms. An easy evaluation technique is to focus on a "Barometer Student," a term invented by Blaine Ray, the innovator of TPRS. The "Barometer Student" refers to a student who is slightly below average, roughly in the fortieth percentile. The acquisition rate of a "Barometer Student" is often an ideal indicator of how to pace your class, as the rate is slow enough to keep the majority of your lower students

engaged and fast enough to avoid boring the top half of the class.

Another easy way to assess is with the "closed-eyes test." This requires students to close their eyes and respond with silent TPR as the teacher says each new vocabulary item. If 80% of the students can correctly respond to 80% of the vocabulary items, then it is safe to move on to the next step. Self assessment and partner assessment are also effective evaluation techniques. Self assessment entails simply asking students to rate themselves on a scale of one to five on their mastery/proficiency of the new vocabulary. Partner assessment requires one partner to rate the other. If more than 20% of the ratings are below a three, then more TPR practice may be required. If the assessment results are satisfactory, then it is time to move on to Step Two.

STEP TWO:
Use the vocabulary in a story.

Mini-stories give new vocabulary meaning and context, two necessary conditions for language acquisition. When introducing a mini-story, avoid "reading" a script. Know the storyline ahead of time and model good storytelling techniques, such as vocal variety, body language, and emotion for your students.

Use visuals (props, puppets, live actors, large illustrations, overhead transparencies) to accurately depict the storyline. Visuals will appeal to the right brain and long-term memory, in addition to keeping your students' attention. If live actors are used to depict the story, make sure explicit instructions are given about the emotions to be displayed, dialogue within the script, exact locations of people and places in the story, specific movements, and so on.

Successful mini-stories

- contain 6 to 12 new vocabulary items.
- are interesting.
- incorporate culture whenever possible.
- include student personalities, current or local events, responses from personalized questions and answers, known characters, such as teachers, principals, or celebrities.
- include a grammar point.
- include "sheltered" vocabulary, not "sheltered" grammar.
- contain humor and/or exaggerated details, and one silly or bizarre word.

Begin by telling the story as simply as possible. Tell and retell the story several times, adding a few minor details each time you tell it. For example, add color, size and other adjectives, adverbs, location, names, etc. Students must hear the story numerous times until they are able to retell it, making it necessary for the teacher to invent creative ways to retell the story. This is referred to as "milking" the story. There are several effective "milking" techniques.

- Ask yes/no and either/or questions.
- Tell a portion of the story and wait for students to fill in the blanks with the appropriate word or phrase.
- Ask short-answer questions.
- Make mistakes and wait for students to verbally make corrections.
- Have the class read the story from the board or overhead.
- Read various sentences from the story and have students indicate which illustration or part of the story is being described.
- Point to an illustration and have students tell that part of the story.
- Tell the story one segment at a time with no descriptions or details and have

students retell each part, adding as many descriptions and details as they are able.

Once students have heard the story numerous times, initiate a partner practice. At this stage, the purpose of partner practice is to encourage students to practice telling the mini-story in a low-stress environment. Encourage student-partners to help each other and observe as they tell the story. Walk around the room, eavesdrop on their retells, and be available to model vocabulary items, phrases and grammatical structures.

Although assessment should be a continual process, partner practice provides a good opportunity to focus on evaluating students individually. Ask students to do a self-assessment or a partner assessment and base the next step in the process on their evaluation results. If 70–80% of the students can retell 80% of the story, select a student volunteer (or student volunteers) to tell the story to the entire class. Encourage class participation by having students act out the story, provide sound effects, and be ready to provide assistance. Give positive reinforcement to any and all students who contribute to the retell!

Writing the mini-story helps students to prove just how much they have accomplished and provides an outlet to use language creatively. However, it does little to enhance language acquisition, because it is an output-based activity. Nevertheless, writing is an important skill that can easily be developed through TPRS. At what point in the process one introduces reading and writing depends on the individual teacher. Some prefer to post the written word at the time new vocabulary items are introduced. This is recommended only when dealing with literate students who have a solid knowledge of the alphabet and consonant and vowel sounds in the target language. If seeing the written word adversely affects pronunciation, then the teacher should delay showing the written word.

Assuming students have a firm foundation in the target language, the teacher can introduce the written word at any time. An effective system for beginning language learners is to verbally introduce and practice the new vocabulary. Once students have internalized the words and have developed good pronunciation, show the written vocabulary items and have students write them on flashcards or in their notebooks.

Color-coded flashcards (according to textbook chapters) provide an excellent means for recording, organizing and recycling vocabulary. Creating picture-based flashcards and dictionaries also promotes the use of visual imagery and consequently enhances long-term retention of vocabulary.

Once learners have practiced with the vocabulary in written form and they are able to retell the mini-story, it is time to begin writing it. The transition to writing is greatly simplified by doing a few of the following activities with your students first: Read the story together from the board or overhead and have students copy the sentences. Read the story sentences out of sequence and have students rewrite them in the correct order. With the entire class, read and complete a variety of extension activities, such as true-false questions, fill-in-the-blank exercises, short-answer questions and open-ended questions. These input activities will also enhance students' ability to retell the story and create revisions.

STEP THREE:
Revise the mini-story and intensify acquisition.

Creating story revisions and intensifying acquisition is the last step to TPRS. Revising stories requires the language learner to "transfer" newly acquired language to other situations and/or to creatively use it in a different context. A revision may consist of a prequel to the story (what happened before the story), a sequel (what happened after the story), an original story, a flashcard story (created from a mixture of newly acquired vocabulary and recycled vocabulary), a poem, a song, or an introduction to new grammar.

Beginning language learners typically need some direction and assistance when creating revisions, but after hearing a few teacher-generated revisions, students will soon create and retell on their own. Although they may not be able to tell a complete revision, they will provide creative ideas and details to create an entertaining revision.

Revisions provide a perfect solution for introducing new verb forms and tenses. For example, if the original vocabulary list included the verbs *he is hungry* and *he eats,* the revised vocabulary list for the revision could be converted to introduce first person singular or past tense: *I am hungry, I eat* or *he was hungry, he ate.* All grammar is treated as new vocabulary, and the entire TPRS process is repeated from the beginning. Only one verb form/tense is introduced at a time, and only mastered verbs are retaught in a new form or tense. Practice the new vocabulary (which in this case is a new verb form or tense), tell and retell the revision, and then further intensify acquisition with any of the following activities.

- Create an episode to an ongoing soap opera after each new group of vocabulary items is mastered.
- Present a related cultural lesson or a thematic unit.
- Incorporate technology with Internet research projects and Power Point® story presentations.
- Read, read, read!

When each of the three steps to the method is incorporated into the language classroom, TPRS aligns itself with the proven pedagogical principles supported by many respected experts, including Asher, Krashen, Gardner, and Hunter. It is also compatible with Bloom's Taxonomy.

- Knowledge: Knowing the literal translation of a word.
- Comprehension: Understanding meaning and how/when vocabulary is used.
- Application: Being able to use vocabulary appropriately in a story.
- Analysis: The ability to determine appropriate social setting and context.
- Synthesis: Creative use of vocabulary; circumlocution.
- Evaluation: Revising, editing, paraphrasing, rewording.

Each step follows a logical and pedagogically sound sequence. By following each one, you will ensure that essential conditions are met for successful, rapid, and lasting language acquisition.

Bon séjour!

x TPR Storytelling Book

French 2 Allez, viens!, Chapter 1

Copyright © by Holt, Rinehart and Winston. All rights reserved.

Vocabulaire

les cheveux longs
les yeux verts
de taille moyenne
sonner

une grenouille
ensemble
fort(e)
gourmand(e)

aimer bien
aimer mieux
Qu'est-ce que tu fais comme sport?
Qu'est-ce que tu aimes comme musique?

Mini-histoire

Alice a les cheveux longs et noirs et les yeux verts. Elle est de taille moyenne. Elle écoute de la musique quand le téléphone sonne.

«Allô!» dit Alice.

«Alice? C'est Guillaume! Guillaume La Grenouille! Nous avons chimie ensemble. J'ai les yeux verts et les cheveux... je n'ai pas de cheveux. Je suis petit, mais je suis fort!»

Alice répond : «Ah oui, Guillaume. Ça va?»

«Oui, ça va. Je mange une tarte aux pommes. Je suis gourmand. J'adore manger.»

Alice dit : «Moi, aussi. J'aime bien le gâteau au chocolat. Et toi?»

Guillaume répond : «Oui, j'aime le gâteau au chocolat, mais j'aime mieux les escargots.»

«Qu'est-ce que tu fais comme sport?» demande Alice.

«Je n'aime pas du tout le foot, mais j'adore nager.»

Alice demande : «Et qu'est-ce que tu aimes comme musique?»

Guillaume répond : «J'adore le hip-hop!»

Teacher Notes

TPRS Gestures

les cheveux longs put hand through hair starting at top of head and ending at shoulders

les yeux verts point to eyes and then to piece of green construction paper taped on board

de taille moyenne indicate "medium" height with hand by side

sonner mime ringing a bell

une grenouille have students say "ribbbbittt... ribbiittt (frog noise)"

ensemble link index fingers together

fort(e) flex muscle

gourmand(e) mime eating a lot of food

aimer bien pound hand on heart two times

aimer mieux show two pictures of different foods (chocolate cake and brussel sprouts, for example) and point to the one you prefer and smile

Qu'est-ce que tu fais comme sport? make question mark in air and point to a photo of sporting equipment

Qu'est-ce que tu aimes comme music? make question mark in air and point to music note drawn on board

Teaching Suggestions

• Have students recreate Alice and Guillaume's conversation using different physical descriptions, sport interests, and music interests.

• **Sonner, ensemble,** and **grenouille** are not active vocabulary in this chapter. They are presented here for story comprehension.

Additional Vocabulary

Qui est ton musicien préféré? make question mark in air and mime singing in microphone

Je préfère... same gesture as **aimer mieux**

Bon séjour!

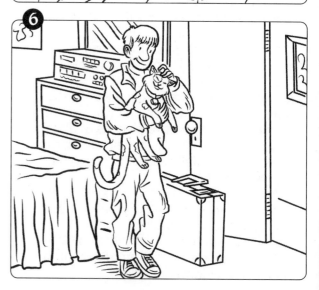

Vocabulaire

Qu'est-ce que je dois prendre?
Pense à prendre...
un passeport
N'oublie pas...

un chèque de voyage
un sweat
un jean
des bottes

un appareil-photo
un billet d'avion

Mini-histoire

Jean a seize ans. Il adore les animaux. Il a un chat qui s'appelle Zola. Jean adore aussi voyager; il va aller au Canada pour les vacances d'hiver. Zola aime bien voyager lui aussi et il adore parler!

Jean demande à son chat : «Qu'est-ce que je dois prendre?»
Le chat répond : «Pense à prendre ton passeport.» et Jean le prend.
Le chat dit : «N'oublie pas tes chèques de voyage.» et Jean les prend.

Il prend aussi des sweats, des jeans, des bottes, son appareil-photo et son billet d'avion. Jean prend aussi son chat avec lui. Jean est très content parce que son chat parle français.

Teacher Notes

TPRS Gestures

Qu'est-ce que je dois prendre? make question mark in air and mime taking something with you

Pense à prendre... touch one temple of your head with your index finger and mime picking up something

un passeport mime stamping a passport

N'oublie pas... hold index finger up as if to say "Don't forget."

un chèque de voyage mime signing a traveller's check

un sweat have both hands touch opposite shoulders, as in "I'm freezing."

un jean point to or touch jeans

des bottes mime putting on boots

un appareil-photo mime taking a picture

un billet d'avion mime tearing the top part off an airplane ticket and handing the other part to a passenger

Teaching Suggestions

- You may want to review direct object pronouns before you teach this story. To help students review, you might have them look over the "Pronouns" section on pages R30–R32 of the Grammar Summary.

- Have students retell the story using different travel items. You might have them illustrate this version of the story using the illustration grid on page 100.

Additional Vocabulary

Prends... same gesture as **pense à prendre**

Bon séjour!

TROISIEME ETAPE

French 2 Allez, viens!, Chapter 1

Vocabulaire

Ça te dit de...?	d'accord	Qu'est-ce qu'on fait?
C'est une bonne idée.	Si tu veux, on peut...	Tu as envie de... ?
On pourrait aller...	Je veux bien.	
Je préfère...	Je ne peux pas.	

Mini-histoire

La conversation entre Guillaume et Alice continue...

«Alors, Alice, ça te dit de faire de la natation?»

Alice répond : «Oui, c'est une bonne idée! On pourrait aller à la plage!»

Guillaume répond : «Non, je préfère la piscine!»

Alice dit : «D'accord. Allons à la piscine. Et puis après, si tu veux, on peut aller au restaurant *A la Bonne Bouffe.*»

Guillaume répond : «Je veux bien!»

Alice continue : «Ensuite, on peut aller au cinéma.»

Guillaume ne répond pas.

Alice insiste... «Ça te dit d'aller au cinéma après le restaurant?»

«Non... Je ne peux pas.» répond Guillaume.

Alice demande : «Qu'est-ce qu'on fait, alors?»

Guillaume propose : «Tu as envie de faire une promenade sur la plage?»

Alice répond : «Mais tu n'aimes pas la plage!»

Guillaume explique : «Si, j'aime la plage! Mais je n'aime pas les poissons!»

Teacher Notes

TPRS Gestures

Ça te dit de...? make question mark in the air, then point to a student

C'est une bonne idée. put index finger to temple of head, then pull finger up and out

On pourrait aller... point to yourself and a student and mime walking with fingers

Je préfère show two pictures of different foods (chocolate cake versus brussel sprouts, for example) and point to the one you prefer

d'accord link thumbs together

Si tu veux, on peut... point to one student, then point to yourself and then the one student you previously pointed to

Je veux bien. shake head "yes" rapidly

Je ne peux pas. make a zero, then move hand away while spreading fingers

Qu'est-ce qu'on fait? make a question mark in the air, then point to a student and yourself

Tu a envie de... ? same gesture as **Ça te dit de... ?**

Teaching Suggestions

- Before presenting this story, have students recall what Guillaume and Alice discussed in the first story of this chapter. This story continues their conversation.

- You might share with students the meaning of the word **bouffe** from the name of the restaurant Alice and Guillaume plan to visit. **Bouffe** is a casual word for *food.*

- Have students look at the illustrations to figure out why Guillaume doesn't want to go to the movie theater.

Additional Vocabulary

Ça ne me dit rien. point to self and shake head

Bon séjour!

French 2 Allez, viens!, Chapter 1

Histoire Finale

Guillaume parle avec sa mère dans sa chambre. Il lui demande : «Je vais à la piscine avec Alice. Qu'est-ce que je dois prendre?» Elle répond : «Pense à prendre un short et un tee-shirt. Et n'oublie pas ton maillot de bain et tes baskets!»

Guillaume met son maillot et il va à la piscine. Il retrouve Alice près de la piscine et il dit : «Salut, Alice! C'est moi! Guillaume!» Alice répond : «Guillaume, c'est bien toi?» Guillaume répond : «Oui, c'est moi! Allons nager!»

Ils nagent. Ensuite, ils vont au restaurant *A la Bonne Bouffe.* Mais Guillaume ne veut pas entrer dans le restaurant.

Il dit : «Alice, je ne peux pas!»

Alice répond : «D'accord. On pourrait se promener sur la plage maintenant si tu veux!»

«C'est une excellente idée!» répond Guillaume.

Sur la plage, Alice dit : «Guillaume, tu es vraiment super!» Et elle l'embrasse.

Voilà! Guillaume est maintenant un beau garçon. Il est grand, avec les cheveux bruns. Alice et Guillaume font des projets pour le week-end suivant.

Teacher Notes

Teaching Suggestions

- Have students use the illustrations to guess why Guillaume does not want to go to the restaurant. You might explain to students that frog legs (**cuisses de grenouille**) are served in French restaurants.
- You might give students the meaning of **l'embrasse** and **faire des projets** before you present the story.

Using TPRS for Assessment

- List several words and have pairs of students use these words to create a story.
- You might provide the illustrations and ask students to tell or write a corresponding story. These might be all of a story's illustrations, all but the last in the series, or the first and the last only.
- Students can record their stories on audio or video tape.
- Give students a vocabulary test in which they demonstrate their comprehension of the chapter words and phrases. Items might include matching French terms to images of those terms or to their English equivalents, or answering true-false questions about a new story.
- You might test at the end of each chapter by choosing approximately fifteen words from the three **étapes** and having partners create a new story using all of the words. At the end of a determined amount of time, ask each pair of students to tell their story to the class. You may grade each student individually on content, comprehensibility, fluency, accuracy, quality of sentences, and appropriate usage of vocabulary.

Bienvenue à Chartres!

Vocabulaire

Bienvenue chez nous.	C'était fatigant.	crevé(e)
Fais comme chez toi.	Tu n'as pas faim?	s'endormir
C'est gentil de ta part.	Si, un peu.	Merci.
Tu as fait bon voyage?	meurt de faim	

Mini-histoire

Alice va à Paris pour voir sa tante, son oncle et ses cousins. Quand elle arrive, sa tante lui dit : «Bienvenue chez nous. Fais comme chez toi.»

Alice répond : «C'est gentil de ta part.»

Sa tante lui demande : «Tu as fait bon voyage?»

«Oui, mais c'était fatigant.» répond Alice.

Sa tante lui demande : «Tu n'as pas faim?»

Alice répond : «Si, un peu.»

Mais Alice a très faim. Elle meurt de faim! Elle mange le sandwich au fromage de son petit cousin, et celui de sa petite cousine. Elle mange aussi le croque-monsieur de son oncle! Et Alice est aussi crevée. Elle s'endort devant la télévision! Une heure plus tard, Alice part. Elle dit à sa tante : «Merci, c'était chouette!»

Teacher Notes

TPRS Gestures

Bienvenue chez nous. start with hand outstretched and flat away from body; keep hand in the same position as you move it towards yourself as if to say "welcome"

Fais comme chez toi. mime opening door and sweep hand to the side towards the floor, as if to say "My house is your house"

C'est gentil de ta part. smile and point to a student in class

Tu as fait bon voyage? make question mark in the air, then mime carrying a suitcase

C'était fatigant. mime yawning

Tu n'as pas faim? pat stomach once

Si, un peu. nod head while gesturing "a little" with the index finger and thumb

meurt de faim pat stomach twice

crevé(e) hang head low

s'endormir bob head up and down as if you were falling asleep

Merci. put the tips of your fingers from one open hand on your lips, then move your hand away

Teaching Suggestions

- Remind students of the difference between **oui** and **si. Si** is practiced in the story, but you might have students volunteer a similar question that would elicit **oui (Tu as faim?)**.
- You might give students the meaning of **celui** before presenting the story.
- Have students recall what a **croque-monsieur** is from Level 1. You might have them retell the story using different food items.
- Remind students that **meurt** comes from the infinitive **mourir**.

Additional Vocabulary

Pas trop fatigué(e)? hang head low and make question mark in air

C'était excellent. hold one thumb up

Bienvenue à Chartres!

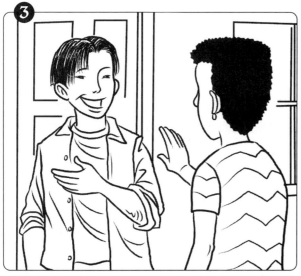

French 2 Allez, viens!, Chapter 2

Vocabulaire

la maison
la cuisine
la chambre
le salon
le tapis

la chaîne stéréo
la salle à manger
à côté de
le lit
la lampe

la commode
l'armoire
le bureau

Mini-histoire

Jean veut vendre sa maison. Il écrit une petite annonce : «A vendre : Grande maison. Cuisine IMMENSE et moderne. Grande chambre.»

Annick cherche une maison à acheter. Elle lit la petite annonce de Jean et décide de visiter la maison. Elle frappe à la porte et un garçon ouvre.

«Bonjour. Je m'appelle Annick.»
Le garçon lui dit : «Bienvenue chez moi!»

Annick entre dans la maison. La maison n'est pas très grande! Annick visite le salon. Il y a un vieux tapis et une chaîne stéréo. Ils vont dans la cuisine. La cuisine est très petite et vieille. Il n'y a pas de salle à manger.

Le garçon dit : «Les toilettes sont à côté de la chambre.» Annick visite la chambre. Il y a un petit lit, une lampe et une commode. Il n'y a pas d'armoire. Il n'y a pas de bureau non plus.

Annick s'exclame : «Elle est horrible, ta maison! Tu ne vas jamais la vendre!» Le garçon s'exclame : «Mais, ma maison n'est pas à vendre! Qu'est-ce que tu fais ici? Tu n'es pas ici pour la boum?» Annick demande : «Tu n'es pas Jean?» Le garçon répond : «Non, je m'appelle Thomas.»

Teacher Notes

TPRS Gestures

la maison draw one large square in the air
la cuisine mime stirring something in a pot
la chambre draw a square in the air and mime sleeping
le salon draw a square in the air and mime using a television remote control
le tapis mime brushing feet on carpet
la chaîne stéréo cup hands over both ears and "sway" to the music
la salle à manger draw a square in the air and mime eating
à côté de put your extended hand next to you
le lit put your open palm against the side of your face
la lampe mime turning on lamp
la commode mime opening and closing drawers
l'armoire mime opening doors and looking inside
le bureau point to teacher's desk

Teaching Suggestions

• You might explain to students what a **Petite Annonce** is before presenting the story.
• Let students suggest or modify the gestures for various rooms of the house. For example, some may associate **le salon** more with reading a newspaper than watching television. Allow them in this instance to mime reading a newspaper.

Additional Vocabulary

les étagères make horizontal movements in the air with your open hand, as if outlining the shelves of a bookshelf
la salle de bains draw a square in the air and mime washing yourself
en face de put your extended arm in front of you
frapper mime knocking

Bienvenue à Chartres!

Vocabulaire

une cathédrale	traverser	une gare
un terrain de camping	une banque	Où est... ?
un musée	continuer	Zut!

Mini-histoire

Robert a perdu son chien. Où est son chien? Il voit une cathédrale. Son chien n'est pas là. Il voit un terrain de camping. Le chien n'est pas là non plus. Il voit un musée, mais son chien n'est pas là. Il traverse la rue où il y a une banque. Pas de chien. Il continue et il voit une gare. Il ne voit pas son chien, mais il voit sa sœur Hélène.

«Où est mon chien?» lui demande Robert.
Hélène lui répond : «Quoi? Robert, mais tu n'as pas de chien!»
«Zut!» s'exclame Robert.

Teacher Notes

TPRS Gestures

une cathédrale move one hand from your desk upwards to symbolize a steeple

un terrain de camping trace the shape of a tent starting with your two index fingers together in front of you

un musée trace a low building with your index fingers

traverser cross your index and middle finger of one hand over the extended index finger of the other hand.

une banque trace a dollar sign (or the euro "€") in the air with your index finger

continuer slide your index and middle finger away from you on your desk

une gare cross your index and middle finger of one hand with those of your other hand to symbolize the railroad tracks

Où est... ? move your index finger from one side to the other in the air in front of you, as if deciding where something is

Zut! snap fingers as if to say "Darn!"

Teaching Suggestions

- You may want to substitute **aller + à** for **voit + un/une** (i.e. **Il va à la cathédrale.**) to practice/review the **Note de grammaire** on page 48 of the *Pupil's Edition*.
- Have students rewrite the story using another character. You might use Teaching Transparency 2-3 to prompt students for their new story.

Additional Vocabulary

une auberge de jeunesse trace a building with your fingers and mime sleeping

Histoire Finale

Annick n'aime pas sa maison. Son salon est petit et sa chambre est trop petite pour sa chaîne stéréo. La salle de bains est toute petite. Il n'y a pas de cuisine et il n'y a pas de table dans la salle à manger!

Annick va chez sa tante qui a une grande maison. Quand Annick arrive, sa tante lui dit : «Bienvenue chez moi. Fais comme chez toi. Tu n'es pas crevée?» Annick répond : «Si, un peu.» Elle a très faim. Elle veut manger de la pizza, mais sa tante lui dit qu'il n'y a pas de pizza dans la maison parce qu'elle n'aime pas la pizza. Annick adore sa tante mais elle ne veut pas rester chez elle parce qu'il n'y a pas de pizza et Annick veut manger de la pizza.

Elle quitte la maison, traverse la rue et continue jusqu'à la cathédrale. Là, à côté de la cathédrale, il y a un musée, et en face du musée, il y a un restaurant italien où on peut manger de la pizza. Elle mange trois pizzas parce qu'elle meurt de faim.

Elle n'a pas plus d'argent parce qu'elle a acheté les pizzas. Les banques sont fermées et elle ne peut pas dormir dans une auberge de jeunesse ou dans un terrain de camping.

Alors elle retourne chez sa tante. Annick lui dit : «Je n'aime pas ma maison parce qu'elle est trop petite.» Sa tante lui dit : «Je n'aime pas ma maison parce qu'elle est trop grande et je n'aime pas faire le ménage.»

Maintenant Annick habite dans la maison de sa tante et sa tante habite dans la maison d'Annick. Elles sont très contentes.

Teacher Notes

Teaching Suggestions

- Have students rewrite the story from their own point of view. They could work in pairs to describe their bedrooms and exchange rooms at the end of the story. To illustrate their stories, you might provide students an illustration grid (see page 101).

- You might give students the meaning of **rester** and **quitter** before presenting the story.

Using TPRS for Assessment

- List several words and have pairs of students use these words to create a story.

- You might provide the illustrations and ask students to tell or write a corresponding story. These might be all of a story's illustrations, all but the last in the series, or the first and the last only.

- Students can record their stories on audio or video tape.

- Give students a vocabulary test in which they demonstrate their comprehension of the chapter words and phrases. Items might include matching French terms to images of those terms or to their English equivalents, or answering true-false questions about a new story.

- You might test at the end of each chapter by choosing approximately fifteen words from the three **étapes** and having partners create a new story using all of the words. At the end of a determined amount of time, ask each pair of students to tell their story to the class. You may grade each student individually on content, comprehensibility, fluency, accuracy, quality of sentences, and appropriate usage of vocabulary.

CHAPITRE 3 Un repas à la française

PREMIERE ETAPE

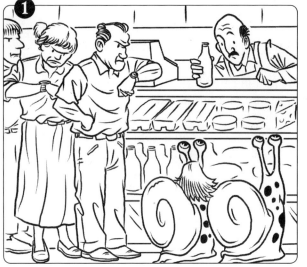

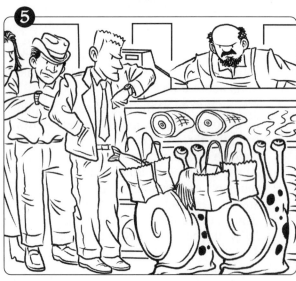

French 2 Allez, viens!, Chapter 3

Vocabulaire

la crémerie

la poissonnerie

les huîtres

la boulangerie

la pâtisserie

la baguette

la religieuse

la boucherie

le rôti de bœuf

Dépêche-toi!

Mini-histoire

Eugène Escargot et sa femme Emilie vont faire des courses. A neuf heures du matin, ils partent à la crémerie pour acheter du lait. Vers dix heures, ils entrent dans la poissonnerie pour acheter des huîtres. Ils restent à la poissonnerie pendant une heure. A onze heures, ils vont à la boulangerie-pâtisserie. Ils achètent une baguette et des religieuses. Trente minutes plus tard, ils sont à la boucherie. Ils demandent un rôti de bœuf. Enfin, ils retournent à la maison. Mais qu'est-ce que c'est que cela! Il y a un garçon à bicyclette qui traverse la rue devant la voiture. Eugène dit au garçon : «Dépêche-toi!»

Teacher Notes

TPRS Gestures

la crémerie make an outline of a building in the air with your index finger and then mime cracking an egg

la poissonnerie make an outline of a building in the air with your index finger (up to indicate one wall, over to represent the roof and down to indicate the other wall) and place hand in front of body and zigzag to imitate a fish swimming

les huîtres mime opening shell and scooping out oyster meat with the other hand

la boulangerie make an outline of a building in the air with your index finger and mime slicing bread or breaking a baguette

la pâtisserie make an outline of a building in the air with your index finger and mime eating a small pastry

la baguette approximate length of a baguette with your hands spread apart

la religieuse mime eating a pastry and say "miam... miam"

la boucherie make an outline of a building in the air with your index finger and mime pressing together a hamburger patty with both hands

le rôti de bœuf say "moo"

Dépêche-toi! mime snapping fingers quickly, as if to say "hurry up"

Teaching Suggestions

- Have students retell the story with different stores and purchases.
- You might give students the meaning of **vers** and **rester** before presenting the story.

Additional Vocabulary

le poisson use hand to mime fish swimming in the water

la confiserie make an outline of a building in the air and mime eating a chocolate

French 2 Allez, viens!, Chapter 3

Vocabulaire

Tu veux... ?   un chocolat chaud   Je n'ai plus faim.
une tartine   Tiens!   malade
Tu pourrais me passer... ?   Encore... ?
Je pourrais avoir... ?   Merci, ça va.

Mini-histoire

Jean ne veut pas aller à l'école parce qu'il a un examen de maths. Il a une idée...

Au petit déjeuner, sa mère lui demande : «Tu veux des tartines?» Jean en prend quatorze! Jean demande : «Tu pourrais me passer des croissants?» Il en mange beaucoup. Il demande : «Je pourrais avoir du chocolat chaud?» Sa mère dit : «Tiens!» Il en boit cinq tasses. Sa mère lui demande : «Encore des tartines?» Jean répond : «Non, merci, ça va. Je n'ai plus faim.»

Quelques minutes plus tard, Jean ne se sent pas très bien. Il est malade, mais il est content. Il peut rester à la maison!

Teacher Notes

TPRS Gestures

Tu veux... ? use index finger to point to imaginary item, raise eyebrows to indicate a question

une tartine mime cutting a slice of bread and spreading butter on it

Tu pourrais me passer... ? point away from yourself and then back to yourself

Je pourrais avoir... ? point to yourself and then point away from yourself, pointing to an imaginary item on your desk

un chocolat chaud mime drinking a bowl of hot chocolate

Tiens! mime giving something to someone

Encore... ? mime offering someone more food

Merci, ça va. mime pushing something away

Je n'ai plus faim. touch stomach and shake head "no"

malade mime feeling sick at stomach and rub head

Teaching Suggestions

• You may want to tell students that it is common to drink chocolate from a bowl in France. Have them mime drinking from a bowl rather than a cup of chocolate.

• Be sure students know that they are using **en** to replace a quantity. You may want to practice this concept before you start the story.

• You might tell students that **Tiens!** can also be used as an expression of surprise.

• You might give students the meaning of the expression **ne se sent pas bien** before presenting the story.

Additional Vocabulary

C'était délicieux! rub stomach and smile
C'est vraiment bon! same gesture as **C'était délicieux!**

CHAPITRE

Un repas à la française

TROISIEME ETAPE

French 2 Allez, viens!, Chapter 3

Vocabulaire

Tu as une idée de cadeau... ?	chez le fleuriste	un cadre
offre-lui	C'est trop cher.	banal(e)
des fleurs	la boutique de cadeaux	une boîte de chocolats

Mini-histoire

Demain, c'est l'anniversaire de la grand-mère de Jean. C'est aussi l'anniversaire de son petit frère Luc. Il demande à son amie Alice : «Tu as une idée de cadeau pour ma grand-mère?» Alice répond : «Offre-lui des fleurs. Va chez le fleuriste.» Jean répond : «Non, c'est trop cher.» Alice dit : «Tu pourrais aller à la boutique de cadeaux acheter un cadre.» Jean répond : «Non, c'est trop banal.» Alice dit : «Une grande boîte de chocolats, peut-être?» Jean dit : «Bonne idée! Elle adore le chocolat! Et maintenant, est-ce que tu as une idée de cadeau pour mon petit frère?» Alice dit : «Ça, c'est facile! Offre-lui un jeu vidéo!»

Jean va à la confiserie. Il achète une grande boîte de chocolats. Ensuite, Jean va au centre commercial. Il achète un jeu vidéo pour son frère. A la fête, Jean offre les cadeaux à sa grand-mère et à son petit frère. Ils sont très contents de leurs cadeaux, même si la grand-mère de Jean est un peu surprise de recevoir un jeu vidéo!

Teacher Notes

TPRS Gestures

Tu as une idée de cadeau... ? make question mark in the air and then put index finger to temple, then mime opening a present

offre-lui mime giving someone something

des fleurs mime smelling flowers

chez le fleuriste outline store with both index fingers, mime smelling flowers

C'est trop cher. rub thumb and other fingers together

la boutique de cadeaux mime wrapping a gift

un cadre mime taking a picture, then outline a picture frame with both index fingers

banal(e) sigh of boredom

une boîte de chocolats mime taking a chocolate out of a box and eating the chocolate

Teaching Suggestions

- Make sure students realize **chez le fleuriste** means the florist's place of business and not his home.
- You might give students the meaning of **même si** before you present the story.

Additional Vocabulary

Bon anniversaire! mime blowing out candles

Félicitations! pat yourself or a student on the back

Histoire Finale

Demain, c'est l'anniversaire du père de Lucie. Elle demande à son ami Jean : «Tu as une idée de cadeau pour mon père?» Jean répond : «Tu pourrais lui offrir un portefeuille.» Lucie s'exclame : «Bonne idée!» Jean continue : «Tu pourrais aussi lui préparer un dîner spécial.» Lucie dit : «C'est une bonne idée.»

Lucie va à la maroquinerie. Elle achète un portefeuille. Ensuite, Lucie va à la pâtisserie. Elle achète un gâteau pour son père. Elle a une idée : «Demain, c'est aussi l'anniversaire de mon chat, Félix! Je peux aussi lui faire un gâteau spécial.» Elle va à la poissonnerie. Elle achète des crevettes, du poisson et des huîtres pour faire le gâteau de Félix. Puis, elle va à la boucherie. Elle achète un rôti de bœuf. Ensuite, elle va à la charcuterie. Elle achète du pâté. Finalement, elle va à la crémerie. Elle achète du beurre et du lait.

Lucie rentre à la maison. Elle met le gâteau d'anniversaire de son père dans le frigo. Ensuite, elle prépare le gâteau de Félix avec les crevettes, le poisson et les huîtres. Lucie ne sait pas que son père la regarde!

Au dîner, Lucie offre le portefeuille à son père. Elle dit : «Bon anniversaire, Papa!» Le père de Lucie dit : «Merci, Lucie!»

Plus tard, Lucie demande : «Tu veux du gâteau, Papa?» Son père dit : «Merci, ça va. Je n'ai plus faim!»

Lucie va à la cuisine. Elle rapporte les deux gâteaux d'anniversaire. Elle dit à Félix : «Bon anniversaire, Félix!» et elle donne le gâteau au poisson à son chat.

Le père de Lucie dit : «Euh... je pourrais avoir du gâteau aussi?»

Teacher Notes

Teaching Suggestions

- You might want to give students the gestures for the following terms.

  la maroquinerie draw an outline of building in the air and mime opening a wallet

  la portefeuille mime opening a wallet and putting something in it

  la charcuterie draw an outline of a building in the air and mime slicing meat

- After presenting the story, have students tell what Lucie's father changed his mind about having some cake (he realized the seafood cake was for the cat).

Using TPRS for Assessment

- List several words and have pairs of students use these words to create a story.

- You might provide the illustrations and ask students to tell or write a corresponding story. These might be all of a story's illustrations, all but the last in the series, or the first and the last only.

- Students can record their stories on audio or video tape.

- Give students a vocabulary test in which they demonstrate their comprehension of the chapter words and phrases. Items might include matching French terms to images of those terms or to their English equivalents, or answering true-false questions about a new story.

- You might test at the end of each chapter by choosing approximately fifteen words from the three **étapes** and having partners create a new story using all of the words. At the end of a determined amount of time, ask each pair of students to tell their story to the class. You may grade each student individually on content, comprehensibility, fluency, accuracy, quality of sentences, and appropriate usage of vocabulary.

Vocabulaire

la capitale	à l'est	un palmier
un perroquet	à l'ouest	un cocotier
un trésor	au sud	creuser
se trouver	une épaule	un biscuit
au nord	sous	

Mini-histoire

Georges est en vacances à Fort-de-France, la capitale de la Martinique. Georges prend son petit déjeuner. Un perroquet arrive et dit : «BRRROK! Le trésor se trouve... ! Le trésor se trouve... !»

Georges demande : «Où se trouve le trésor? Au nord? A l'est? A l'ouest? Au sud?» Le perroquet répond : «Dans le sud! Dans le sud!»

Georges met le perroquet sur son épaule et il appelle un taxi. Ils vont à Sainte-Anne. Sainte-Anne est une ville qui se trouve dans le sud de la Martinique. Georges demande : «Le trésor est dans la ville? Sur la plage?» Le perroquet répond : «Sur la plage! Sur la plage!»

Georges demande encore : «Où sur la plage? Sous les palmiers? Sous les cocotiers?» Le perroquet répond : «Sous les cocotiers! Sous les cocotiers!»

Ils vont à la plage. Il y a beaucoup de cocotiers. Georges demande : «Ici?» Le perroquet dit : «Non, non! Pas ici!» George montre un autre cocotier : «Là?» Le perroquet répond : «Oui! Ici!»

Georges commence à creuser. Il trouve une grosse boîte. Il ouvre la boîte. Il découvre cinq cents paquets de biscuits!

Teacher Notes

TPRS Gestures

la capitale point to «Fort-de-France» written on the chalkboard

un perroquet mime flapping wings

un trésor mime opening treasure chest and looking inside

se trouver mime looking for something on a map and finding it

au nord mime looking at a compass and point index finger up (north)

à l'est mime looking at a compass and point index finger to your right (east)

à l'ouest mime looking at a compass and point index finger to your left (west)

au sud mime looking at a compass and point index finger down (south)

une épaule point to shoulder

sous put one hand under another

un palmier mime fanning someone with large palm leaves

un cocotier mime holding a coconut and trying to break it open

creuser mime digging

un biscuit mime eating a cracker or cookie

Teaching Suggestions

- The words **épaule, creuser, perroquet, trésor,** and **biscuits** are not active vocabulary for the students. They are presented here for story comprehension.
- When students retell the story, you might have them change the location of the treasure.

Additional Vocabulary

Qu'est-ce qu'il y a à voir? make a question mark in the air with your finger; then point to your eyes

un moustique mime slapping a mosquito on your arm

un village de pêcheurs mime fishing with a pole in your hand, then draw the outlines of buildings to form a village

le sable mime building a sand castle

un bananier mime "peeling" your index finger

Vocabulaire

ce qui m'ennuie	faire de la plongée	s'amuser
ce que je préfère	faire du deltaplane	bouger
se promener	danser le zouk	

Mini-histoire

Hélène est étudiante. Elle adore la biologie. Elle est très sérieuse. Elle va à la Martinique avec sa classe de biologie, mais elle ne va pas en vacances. Elle va à la Martinique pour étudier les animaux et les insectes, surtout les moustiques. Un jour, elle dit à son camarade de classe Henri : «Ce qui m'ennuie c'est de m'amuser. Ce que je préfère, c'est étudier.»

Quand Hélène arrive à la Martinique, elle va se promener sur la plage avec Henri. Hélène cherche des moustiques. Henri propose : «On peut faire de la plongée!» Hélène hésite. Puis, elle dit : «Je suppose... Je peux étudier les poissons.»

Plus tard, Henri dit : «Ça te dit d'aller faire du deltaplane?» Hélène hésite. Puis, elle dit : «Je suppose... Je peux étudier les oiseaux.»

Le soir, Henri va à une boum sur la plage. Il voit Hélène qui danse le zouk! Elle s'amuse beaucoup! Henri dit à Hélène : «Alors, qu'est-ce que tu étudies maintenant?» Hélène répond : «J'étudie les moustiques! Bouge pas!» Et elle frappe Henri sur la tête!

Teacher Notes

TPRS Gestures

ce qui m'ennuie mime looking bored and sigh

ce que je préfère mime thinking about a choice and then pointing to what you want

se promener mime taking a stroll

faire de la plongée put your thumbs and index fingers from both hands together to form a "mask," then place over your eyes

faire du deltaplane have your hand go through the air, imitating flight

danser le zouk mime dancing

s'amuser smile

bouger move around

Teaching Suggestions

- You might give student the meaning of **frappe** before presenting the story.

- **Bouger** is not active vocabulary in this chapter. It is presented here for story comprehension.

- After students have read the story, you might have them recreate and act out Hélène and Henri's conversation in pairs. Have them use props and the TPRS gestures to convey meaning.

Additional Vocabulary

aller à la pêche mime fishing

manger des ananas put fingers together from both hands, intertwined, to represent the top of a pineapple

déguster mime eating slowly and with pleasure

des fruits tropicaux mime eating a fruit held in each hand

faire de la planche à voile mime balancing on a windsurfing board

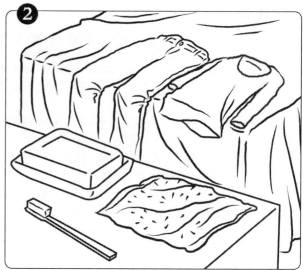

Vocabulaire

se lever	ensuite	se coucher
d'abord	se laver	
se brosser les dents	s'habiller	

Mini-histoire

Il est six heures et Alice se lève. Elle n'est pas contente parce qu'elle est très fatiguée. D'abord, elle se brosse les dents. Ensuite, elle se lave et elle s'habille. Enfin, elle prend ses livres et part pour l'école. Il est six heures et demie.

Elle attend le bus. Dix minutes plus tard, sa mère arrive. Elle demande à Alice : «Mais qu'est-ce que tu fais?» Alice lui répond : «Ben, je vais à l'école!» Sa mère lui dit : «Mais il est six heures quarante du soir, pas du matin! Tu as oublié que tu t'es couchée après l'école cet après-midi parce que tu étais très fatiguée!»

Alice rentre à la maison et elle se recouche tout de suite. Elle est contente!

Teacher Notes

TPRS Gestures

se lever raise outstretched hand up
d'abord hold index finger up
se brosser les dents mime brushing teeth
ensuite put index finger on your desk; then have the finger "hop" to another spot on the desk (as people do when they want to emphasize what happened "next")
se laver mime washing yourself
s'habiller mime getting dressed
se coucher clasp hands together and put on the side of your face and mime sleeping

Teaching Suggestions

- You might want to have students name other things Alice could do after getting up.
- You may want to have students practice telling the story from the first person point of view. Write the corresponding verb forms for **je** on an overhead transparency, including **ma mère** for **sa mère** and **mes livres** for **ses livres**. Allow students to refer to the transparency while they retell the story.
- You might also have students work with this poem to practice vocabulary from this **étape**.

A vingt ans, Monique
Devient un moustique.
La nuit elle rêve
La matin elle se lève.
Voilà une journée typique
de Monique Le Moustique :
Elle se lave. Elle s'habille.
Elle prend son petit déjeuner en famille.
Elle va à l'école vers huit heures et demie.
Ce qui l'ennuie, c'est son cours de biologie.
Ce qu'elle préfère, c'est la géologie.
Elle rentre chez elle et elle prend son dîner.
Après ses devoirs, c'est l'heure de s'amuser!
Elle va à plage où elle aime se baigner.
Elle danse le zouk ou elle va se promener.
Finalement, elle se couche vers dix heures et demie.
Elle va dans sa chambre et elle dit : «Bonne nuit!»

Additional Vocabulary

enfin close hand into a fist

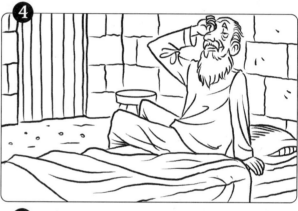

French 2 *Allez, viens!*, Chapter 4

Histoire Finale

C'est le 7 mai 1902. Louis est le seul prisonnier dans la prison de Saint-Pierre. Il est très triste. Il se dit : «Je n'ai pas de chance, moi! C'est horrible, la vie ici! Je veux aller à la plage! Je veux me baigner, me promener, aller à la pêche, déguster des fruits tropicaux... Oh, je n'ai pas de chance!»

Il est très tôt. Louis n'est pas fatigué, mais la prison est très ennuyeuse. Alors, il se couche vers sept heures. Cette nuit-là, il rêve de la plage.

Vers huit heures du matin, le 8 mai 1902, la montagne Pelée explose! Louis n'entend pas le volcan. Il dort. Vers neuf heures du matin, Louis se réveille enfin. Il se dit : «Je ne suis pas à la plage. Je suis toujours en prison! Je n'ai pas de chance, moi!»

Louis se lève. D'abord, il se lave. Ensuite, il s'habille. Finalement, il se brosse les dents. Il attend son petit déjeuner. Mais, son petit déjeuner n'arrive pas. Son déjeuner n'arrive pas. Son dîner n'arrive pas. La journée passe. Louis a très faim! Il se dit : «Ils m'ont oublié! Je n'ai pas de chance, moi!»

Après quelques jours, un homme arrive à la prison. Il dit à Louis : «Tu es le seul survivant!»

Louis sort de la prison. Il se demande : «Où se trouve la plage? Ah! Je me souviens! C'est à l'ouest!» Louis va à la plage. Il se baigne. Il se promène. Il déguste des fruits tropicaux. Louis est très content maintenant.

Teacher Notes

Teaching Suggestions

- You might give students the meaning of **seul** and **rêver** before you present the story.
- Before beginning the story, have students review the **Note culturelle** on page 99. The **Histoire Finale** is fictional, but the character was based on this true story of a prisoner named Louis Cyparis. The volcano actually did erupt around 8:00 A.M.

Using TPRS for Assessment

- List several words and have pairs of students use these words to create a story.
- You might provide the illustrations and ask students to tell or write a corresponding story. These might be all of a story's illustrations, all but the last in the series, or the first and the last only.
- Students can record their stories on audio or video tape.
- Give students a vocabulary test in which they demonstrate their comprehension of the chapter words and phrases. Items might include matching French terms to images of those terms or to their English equivalents, or answering true-false questions about a new story.
- You might test at the end of each chapter by choosing approximately fifteen words from the three **étapes** and having partners create a new story using all of the words. At the end of a determined amount of time, ask each pair of students to tell their story to the class. You may grade each student individually on content, comprehensibility, fluency, accuracy, quality of sentences, and appropriate usage of vocabulary.

Quelle journée!

❶

❷

❸

❹

❺

❻

French 2 *Allez, viens!*, Chapter 5

Vocabulaire

passer une journée épouvantable   arriver en retard   avoir une mauvaise note
entendre le réveil   rater le bus   être collé(e)
tomber   rendre les interros   un rêve

Mini-histoire

Jean a passé une journée épouvantable! Il n'a pas entendu son réveil. Quand il s'est levé, il est tombé de son lit directement dans une bouteille!

Dans la bouteille, il y a un vieux bateau. Le capitaine du bateau, c'est son professeur de maths! Jean entre dans la salle de classe sur le bateau. Le prof lui demande : «Pourquoi est-ce que tu es arrivé en retard?» Jean répond : «Euh... parce que j'ai raté le bus?»

Le prof a déjà rendu les interros. Jean a eu une mauvaise note et il est collé. Ensuite, il lave le bateau. Tout à coup, il entend un réveil. C'est son réveil! C'était un rêve!

Teacher Notes

TPRS Gestures

passer une journée épouvantable make thumbs-down gesture and a sad face at the same time
entendre son réveil cover both ears and yawn
tomber make downward motion with hand
arriver en retard mime looking at watch with scared expression on face
rater le bus raise hand as if wanting bus to stop
rendre les interros mime passing out tests
avoir une mauvaise note point to a bad grade written on the chalkboard
être collé(e) press thumb down on desk
un rêve mime sleeping and make an outline of a dream bubble over your head

Teaching Suggestions

- For additional practice, substitute other verbs from page 134.
- For verbs presented in the **passé composé**, you might gesture the verb and then have students throw their hand back over their shoulder to simulate the past tense.
- **Rêve** is not active vocabulary in this chapter, but is presented for story comprehension. You might give students the meaning of **Tout à coup** before presenting the story.

Additional Vocabulary

déchirer mime tearing a piece of paper in the air
perdre mime looking for something

Quelle journée!

Vocabulaire

Comment s'est passée ta journée?
Tout a été de travers!
C'était pas ton jour!

Ça s'est bien passé!
Pauvre (vieux) vieille!
formidable

horrible
Quelle journée!

Mini-histoire

Lucie parle au téléphone avec sa copine Thérèse.

Thérèse demande : «Comment s'est passée ta journée?»

Lucie répond : «Tout a été de travers! Je n'ai pas entendu mon réveil et j'ai raté le bus.»

Thérèse dit : «Oh, c'était pas ton jour!»

Lucie continue : «Attends! Après l'école, j'ai trouvé un billet de 20 euros!»

Thérèse dit : «Alors, ça c'est bien passé, ta journée!»

Lucie dit : «Mais attends! Un garçon a aussi vu le billet. Nous avons déchiré le billet.»

Thérèse exclame : «Pauvre vieille!»

Lucie dit : «Mais non! Nous avons commencé à rire. Il m'a invitée à dîner.»

«Alors, tu as passé une journée formidable?» demande Thérèse.

Lucie répond : «Euh, non. J'ai passé une journée horrible! Au restaurant, j'ai raté une marche. Je suis tombée et j'ai déchiré ma jupe! Quelle journée!»

Teacher Notes

TPRS Gestures

Comment s'est passée ta journée? with an inquisitive look on your face have both hands upturned as if to ask, "Well, how was your day?"

Tout a été de travers! hold a sheet of paper up and then turn it upside down

C'était pas ton jour! both thumbs down

Ça s'est bien passé! make fists with both your hands, hold them up in front of your chest, and pump once

Pauvre (vieux) vieille! pat someone on the shoulder in a sympathetic way

formidable mime giving a "high five" with both hands

horrible shake head in frustration

Quelle journée! have students sigh deeply

Teaching Suggestions

- You might give students the meaning of **rire** before presenting the story.
- Many of the expressions in this **mini-histoire** are synonyms, so you might allow students to substitute one for the other.
- Have students recreate Lucie's and Thérèse's conversation with their own school day events.

Additional Vocabulary

C'était génial! both thumbs up
C'était super! both thumbs up
C'était incroyable! shake head with eyes wide open

French 2 Allez, viens!, Chapter 5

Vocabulaire

Je suis assez bon (bonne)...	Bravo!	doit mieux travailler en classe
Félicitations!	C'est mon fort.	faire le clown
...je suis le/la meilleur(e)	Chapeau!	

Mini-histoire

Ce soir, Jean veut aller au cinéma mais sa mère lui dit qu'il n'a pas encore fini ses devoirs.

Jean dit à sa mère : «Je suis assez bon en français. Aujourd'hui le professeur a écrit «Félicitations!» sur mon examen. Mais c'est en maths que je suis le meilleur. Le professeur a écrit «Bravo!» sur mon interro. Et l'anglais, c'est mon fort. Le professeur a écrit «Chapeau!» sur mon devoir.» Sa mère lui répond : «Bon, d'accord.»

Jean est content parce qu'il peut aller voir un film. Il pense à quel film il va voir quand le professeur d'anglais téléphone à sa mère. Le professeur lui dit que Jean doit mieux travailler en classe. Il ne doit pas faire le clown. Jean ne va pas aller au cinéma. Il doit étudier son anglais et faire le ménage ce soir, samedi soir et dimanche.

Teacher Notes

TPRS Gestures

Je suis assez bon (bonne)... put a finger to your temple

Félicitations! clap as if congratulating someone

...je suis le/la meilleur(e) put a finger to your temple and tap your temple twice

Bravo! pound fist in the air

C'est mon fort. flex muscle

Chapeau! touch the top of your head and mime removing your hat

doit mieux travailler en classe shake index finger at someone (or an imaginary person)

faire le clown touch nose with all five fingers of one hand; this represents a clown's nose

Teaching Suggestions

- Allow students to interchange **Félicitations!**, **Bravo!**, and **Chapeau!** since they are synonyms.
- Have students guess why Jean will not be doing housework on Saturday morning. (There is class on Saturday mornings in some schools in France.)

Additional Vocabulary

C'est inadmissible. shake index finger from side to side

Ne recommence pas. slap hand lightly

French 2 Allez, viens!, Chapter 5

TPR Storytelling Book **37**

Quelle journée!

Histoire Finale

Jean est dans sa chambre. Il a passé une journée épouvantable.

Le stylo de Jean demande : «Comment s'est passée ta journée, Jean?»

Jean répond : «J'ai passé une journée horrible! Ce matin, j'ai raté une marche, je suis tombé et j'ai déchiré mon tee-shirt préféré. Cet après-midi, le prof de maths a rendu les interros et j'ai eu une mauvaise note.»

«C'est inadmissible! Tu dois mieux travailler en classe!» s'exclame son stylo.

Et puis Jean dit : «Je travaille en classe, mais, j'ai du mal à comprendre. Les maths, c'est pas mon fort. Et il y a un autre interro demain!»

«J'ai une idée. Nous allons étudier ensemble ce soir.» répond son stylo.

Quelques jours plus tard, Jean a les résultats de son interro de maths. Le stylo demande : «Comment s'est passé ta journée?»

Jean répond : «Bien, j'ai eu 18 à mon interro d'histoire...»

«Chapeau!»

Jean continue : «Mais j'ai eu cinq à mon interro de maths!»

Le stylo dit : «Oh, tu sais, ce n'est pas en maths que je suis le meilleur! C'est en anglais!»

Jean dit : «Et c'est maintenant que tu me le dis!»

Teacher Notes

Teaching Suggestions

- You might have students recreate the conversation between Jean and his pen, but have Jean talk about a day that was filled with positive events.
- As a challenge, see if students can combine and retell all the events Jean experienced in this chapter (see the **mini-histoires** in the **Première étape** and **Troisième étape**).

Using TPRS for Assessment

- List several words and have pairs of students use these words to create a story.
- You might provide the illustrations and ask students to tell or write a corresponding story. These might be all of a story's illustrations, all but the last in the series, or the first and the last only.
- Students can record their stories on audio or video tape.
- Give students a vocabulary test in which they demonstrate their comprehension of the chapter words and phrases. Items might include matching French terms to images of those terms or to their English equivalents, or answering true-false questions about a new story.
- You might test at the end of each chapter by choosing approximately fifteen words from the three **étapes** and having partners create a new story using all of the words. At the end of a determined amount of time, ask each pair of students to tell their story to the class. You may grade each student individually on content, comprehensibility, fluency, accuracy, quality of sentences, and appropriate usage of vocabulary.

A nous les châteaux!

1    **2**

3    **4**

5    **6**

Vocabulaire

un parc d'attractions
faire un tour sur les montagnes russes
faire un tour sur la grande roue
C'était sensass!
Ça t'a plu?

Tu t'es bien amusé(e)?
Ça m'a beaucoup plu!
Je me suis beaucoup amusé(e)!
aller au zoo
faire un pique-nique

Mini-histoire

Alice adore le parc d'attractions. Elle y est allée avec sa grand-mère. Elle a fait dix tours sur les montagnes russes et elle a mangé un sandwich au jambon. Ensuite elle a fait sept tours sur la grande roue et elle a mangé une pizza. C'était sensass!

Après, sa grand-mère lui a demandé : «Ça t'a plu? Tu t'es bien amusée?» Alice a répondu : «Oui, ça m'a beaucoup plu. Je me suis beaucoup amusée et j'ai bien mangé.» Ensuite, elles sont allées au zoo. Elles ont fait un pique-nique. Mais Alice n'a pas pu manger parce qu'elle avait trop mangé sur les montagnes russes et sur la grande roue. Alice était malade, mais les animaux étaient très contents! Ils ont bien mangé.

Teacher Notes

TPRS Gestures

un parc d'attractions write the name of an amusement park students are familiar with on the chalkboard and have them point to it

faire un tour sur les montagnes russes glide hand up and down, simulating "mountains" of a roller coaster

faire un tour sur la grande roue trace circle in the air with your index finger

C'était sensass! make a fist with both hands, put it in front of your chest and "pump" once

Ça t'a plu? make a question mark in the air, then put your hand over your heart

Tu t'es bien amusé(e)? make a question mark in the air, then mime excitement

Ça m'a beaucoup plu! put your hand over your heart

Je me suis beaucoup amusé(e)! jump up and down as if having fun

aller au zoo draw cage bars in the air with index finger

faire un pique-nique mime spreading out blanket to eat picnic on

donner à manger aux animaux mime feeding an animal

Teaching Suggestions

- You might have students guess the meaning of **malade** based on the context of the story and the illustrations.
- You might want to give students the word **singe** *(monkey)* in case they would like to incorporate the term when they retell their stories.
- After presenting the story, you might have students write about a fun day they spent in an amusement park. They could also write about an imaginary amusement park.

Additional Vocabulary

donner à manger aux animaux mime feeding an animal

monter dans une tour mime climbing stairs

Vocabulaire

une chenille	devenir	est entré(e)
frapper	un papillon	est resté(e)
est descendu(e)	est parti(e)	est sorti(e)
un cocon	est monté(e)	est revenu(e)

Mini-histoire

Charlotte est une chenille. Elle habite dans un grand arbre. Un jour, quelqu'un a frappé à sa porte. Charlotte est descendue.

Le vendeur a dit : «Bonjour, mademoiselle! Je vends quelque chose de magnifique!» Il a sorti un cocon de sa valise. Charlotte a demandé : «Qu'est-ce que c'est?» Le vendeur a répondu : «Mais, c'est un cocon! Vous êtes bien une chenille, n'est-ce pas?» Charlotte a dit : «Oui, bien sûr!» Le vendeur a expliqué : «Alors, vous entrez dans ce cocon, vous dormez pendant une semaine, plus ou moins, vous sortez du cocon... et voilà!» Charlotte a demandé : «Voilà quoi?» Le vendeur a dit : «Vous devenez un papillon!»

Charlotte a acheté le cocon et le vendeur est parti. Charlotte est montée dans l'arbre avec son cocon. Elle est entrée dans le cocon. Elle est resté dans le cocon pendant une semaine. Charlotte est sortie du cocon. Elle s'est regardé dans la glace et elle a vu un papillon! Elle était très contente! Charlotte est partie et elle n'est jamais revenue.

Teacher Notes

TPRS Gestures

une chenille mime caterpillar movement with hands

frapper mime knocking on a door

est descendu(e) mime going downstairs with two fingers

un cocon mime curling up in a ball

devenir put both palms together; keep them together as one hand goes down and the other goes up (this symbolizes that a change has taken place)

un papillon bring hands together and mime flapping butterfly wings

est parti(e) move hand away from body

est monté(e) mime going upstairs with two fingers

est entré(e) move hand towards body

est resté(e) put hand on desk (and don't move it)

est sorti(e) move hand away from body

est renvenu(e) mime pointing one direction and then turn and point the other direction

Teaching Suggestions

- You might want to explain to students that **est parti(e)/est sorti(e)** and **est retourné(e)/est entré(e)** use the same gesture because the words mean approximately the same thing. However, they are not synonyms. Therefore students should pay careful attention to the context of the story. Knowing how these verbs fit into the story will help them to acquire the difference between them.

- Be sure to teach **est** with the past participle. This will help them to remember that these are verbs conjugated with **être** in the **passé composé**. You might also demonstrate the difference between **a sorti** and **est sorti**.

- The terms **chenille** and **frapper** are not active vocabulary in the chapter, but are presented here for story comprehension.

- You might have students use the context and illustrations to determine the meaning of **habiter** and **arbre**.

Additional Vocabulary

est tombé(e) move hand down suddenly next to body

est retourné(e) move hand towards body

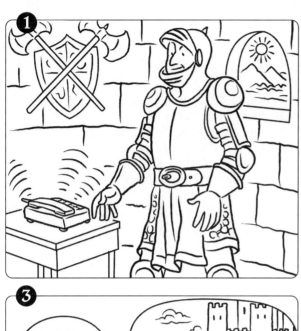

Vocabulaire

un chevalier
un roi
A quelle heure est-ce que le train pour Blois part?
A 14h40

du quai
Combien coûte... ?
un aller-retour

Mini-histoire

Maurice est un chevalier. Un jour, le roi lui a téléphoné. Le roi lui a dit : «Viens à Blois immédiatement!» Maurice a demandé : «Mais pourquoi? Est-ce qu'on attaque le château?» Le roi a répondu : «Zsrkrrrrrr! Oh! Ce téléphone cellulaire! Kkhrrrrrrr!» Maurice a demandé à son cheval Henri : «Tu veux venir à Blois avec moi?» Henri a répondu : «Sûrement pas!» Maurice a dit «Mais, le roi! On attaque le château!» Henri a expliqué : «La dernière fois que je suis allé à Blois, je me suis beaucoup ennuyé. Pas question!»

Alors, Maurice est allé à la gare. Il a demandé : «A quelle heure est-ce que le train pour Blois part?» L'employé de gare a répondu : «A 14h40, du quai 5.» Maurice a demandé : «Combien coûte un aller-retour?» L'homme a répondu : «30 euros.» Maurice a dit : «C'est cher, mais je dois y aller! On attaque le château! Un aller-retour, s'il vous plaît.»

Maurice est allé au château de Blois en train. Il est arrivé au château de Blois. Mais personne n'attaquait le château! Le roi a dit : «Tu es arrivé juste à temps! Le spectacle son et lumière va commencer dans cinq minutes!»

Teacher Notes

TPRS Gestures

un chevalier mime waving a sword
un roi mime a crown and then put it on
A quelle heure est-ce que le train pour Blois part? make a question mark in the air and then move your hand away from your body to mime a train leaving
A 14h40 point to this time written on the chalkboard
du quai mime handing someone a ticket and point to a place in the room
Combien coûte... ? make a question mark in the air and then rub fingers and thumb together to symbolize money
un aller-retour put hand on one side of desk, then move it to the other side and then back to the original side

Teaching Suggestions

- Allow students to subsitute the names of other châteaux they have learned about in the textbook, such as Chenonceau.
- **Chevalier** and **roi** are not active vocabulary in the chapter, but are presented here for story comprehension.
- After students have learned the word **chevalier**, have them guess how **cheval** might be related to **chevalier**.

Additional Vocabulary

C'est combien, l'entrée? mime pointing to the door and rub thumb and fingers together
un aller simple put hand on one side of desk and then move it to the other side
je voudrais put your hand over your heart

French 2 Allez, viens!, Chapter 6

Histoire Finale

Alexandre travaille à la tour Eiffel. Il vend les tickets pour monter au sommet. Mais Alexandre n'est jamais monté dans la tour. Il a trop peur.

Hier matin, son amie Alice lui demande : «A quelle heure est-ce que tu ouvres?»
Alexandre répond : «A neuf heures.»
Alice demande : «Combien coûte un ticket?»
Alexandre répond : «Ça coûte 10 euros.»
Alice dit : «C'est cher! Ça t'as plu quand tu es monté dans la tour?» Alexandre a dit : «Je ne suis jamais monté dans la tour.»
Alice s'exclame : «Jamais! Tu plaisantes! Pourquoi?»
Alexandre rougit. Il explique : «J'ai trop peur.»
Alice dit : «T'en fais pas! C'est pas grave.»

Elle a acheté un ticket et elle est partie.

Vingt minutes plus tard, un homme dit à Alexandre : «Au secours! Une jeune fille est tombé! Elle a raté une marche! Elle ne peut pas descendre!»

Alexandre avait très peur, mais il est monté dans la tour. Il a trouvé Alice. Ils sont descendus de la tour ensemble.

Alice a rit et elle a dit : «Mon héro! C'était magnifique! Dis, tu veux aller au parc d'attractions avec moi le week-end prochain?»
Alexandre a dit : «Oui, mais on ne va pas sur la grande roue!»

Teacher Notes

Teaching Suggestions

- Allow students to substitute the names of other well-known monuments in the story. They might even substitute the name of their town or another American place known for its amusement parks.
- You might explain to students what **Au secours!**, **Tu plaisantes!**, and **rougit** mean before presenting the story.

Using TPRS for Assessment

- List several words and have pairs of students use these words to create a story.
- You might provide the illustrations and ask students to tell or write a corresponding story. These might be all of a story's illustrations, all but the last in the series, or the first and the last only.
- Students can record their stories on audio or video tape.
- Give students a vocabulary test in which they demonstrate their comprehension of the chapter words and phrases. Items might include matching French terms to images of those terms or to their English equivalents, or answering true-false questions about a new story.
- You might test at the end of each chapter by choosing approximately fifteen words from the three **étapes** and having partners create a new story using all of the words. At the end of a determined amount of time, ask each pair of students to tell their story to the class. You may grade each student individually on content, comprehensibility, fluency, accuracy, quality of sentences, and appropriate usage of vocabulary.

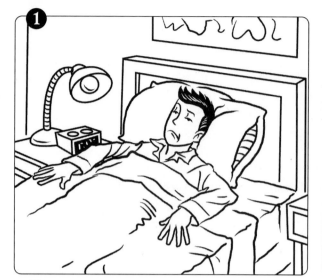

Vocabulaire

ne se sent pas bien	avoir mal à la gorge	avoir le nez qui coule
avoir mal dormi	avoir mal au ventre	éternuer
avoir mal partout	avoir mal à la tête	être malade

Mini-histoire

Aujourd'hui Robert ne se sent pas bien. Il a mal dormi et maintenant il a mal partout! Il a mal à la gorge, mal au ventre et mal à la tête. Il a aussi le nez qui coule et il éternue beaucoup. Mais il y a une boum chez Jean. Robert veut y aller parce qu'il veut danser avec Alice. Il téléphone à Jean et lui demande si Alice est là. Jean lui dit : «Oui, elle danse avec moi.»

Robert dit : «Maman, je vais chez Jean. Je ne suis plus malade maintenant.»

Teacher Notes

TPRS Gestures

ne se sent pas bien touch both the head and stomach at the same time

avoir mal dormi put head next to clasped hands and shake head "no"

avoir mal partout have hand travel the length of your body, from head to toe

avoir mal à la gorge hold throat

avoir mal au ventre hold stomach

avoir mal à la tête hold head

avoir le nez qui coule put index finger on top of nose; then go from top to bottom

éternuer mime sneezing

être malade touch both the head and stomach at the same time (same gesture as **ne se sent pas bien**)

Teaching Suggestions

- You may want to add/substitute additional health expressions from page 189 of the *Pupil's Edition*.
- Explain to students that **ne se sent pas bien** and **être malade** use the same gesture because they are related in meaning.
- Have students explain why Robert suddenly feels better. You might give them the meaning of **ne... plus** before presenting the story.

Additional Vocabulary

avoir des allergies mime sneezing and rubbing eyes

avoir de la fièvre mime putting thermometer in mouth

TPR Storytelling Book **49**

En pleine forme

Vocabulaire

Tu dois te mettre en condition.
Tu devrais faire du sport.
Tu as raison.
Je n'ai pas très envie.

Pas question!
faire des pompes
faire des abdominaux
faire de la gymnastique

Allez!
Ce n'est pas mon truc.

Mini-histoire

Robert parle avec Alice. Il n'est pas content parce qu'il a un peu grossi. Alice lui dit :
«Tu dois te mettre en condition. Tu devrais faire du sport.» Robert lui dit : «Tu as
raison, mais je n'ai pas très envie.» Alice lui dit : «Pas question! Rendez-vous au gymnase après l'école.» Robert arrive. Alice fait 300 pompes et Robert regarde. Alice fait
500 abdominaux et Robert regarde. Alice fait de la gymnastique et Robert regarde.
Enfin, Alice lui dit : «Allez!» Robert lui répond : «Ce n'est pas mon truc. Je suis
fatigué.» Robert part. Alice est fâchée.

Teacher Notes

TPRS Gestures

Tu dois te mettre en condition. flex both arms

Tu devrais faire du sport. mime playing a sport

Tu as raison. nod your head "yes"

Je n'ai pas très envie. shake your head "no"

Pas question! shake your index finger at someone

faire des pompes make an up and down motion with your hand

faire des abdominaux touch your stomach (abdominals)

faire de la gymnastique mime grabbing an overhead bar with your hands

Allez! motion someone to come with you with your hand

Ce n'est pas mon truc. throw your hand away from yourself, as if to indicate that you are not interested in something

Teaching Suggestions

- You might want to review numbers before teaching the story.
- Have students give other suggestions for the reasons Robert leaves the gym (i.e. **J'ai faim, Je vais au cinéma,** etc.).
- You might give students the meaning of **gymnase** before presenting the story. **Fâché(e)** will be active vocabulary in Chapter 9.

Additional Vocabulary

faire de la musculation mime lifting weights

faire de l'aérobic hop around and lift arms up and down

Vocabulaire

éviter de
consommer trop de
bien se nourrir
grignoter entre les repas
Ça te fera du bien.

on doit
les légumes
les pâtes
C'est mieux que de manger dans un fast-food.

Mini-histoire

Robert a encore grossi. Il parle avec Alice. Robert mange du chocolat. Alice lui dit : «Evite de consommer trop de sucre.» Robert mange 20 chocolats. Alice lui dit : «On doit bien se nourrir. Evite de grignoter entre les repas. Ça te fera du bien.» Robert mange des frites et des hamburgers. Alice lui dit : «On doit manger des légumes et des pâtes. C'est mieux que de manger dans un fast-food.» Robert trouve une pomme dans une poubelle. Il la mange. Robert dit à Alice : «Regarde! Je mange correctement maintenant!»

Teacher Notes

TPRS Gestures

éviter de put your two fists together, then move them apart

consommer trop de mime eating, then put open hands together and move them apart.

bien se nourrir make the thumbs-up sign with one hand, then mime eating with the other

grignoter entre les repas put both hands to your mouth and mime eating, as if nibbling on food

Ça te fera du bien. point to someone in the class, then make the thumbs-up sign

on doit shake your finger at someone as if to admonish him/her

les légumes make a "V" sign with your index and middle fingers (the "V" stands for vegetables)

les pâtes mime eating spaghetti

C'est mieux que de manger dans un fast-food. have two pictures in the front of the room (one with something healthy to eat and other with a fast food item) and point to the picture that depicts something healthy to eat

Teaching Suggestions

- As a challenge, have students combine the stories from both the **Deuxième étape** and **Troisième étape** and take turns retelling them to a partner who will make the appropriate gestures.
- You might give students the meaning of the word **poubelle** before presenting the story.

Additional Vocabulary

sauter des repas mime pushing plate of food away

En pleine forme

French 2 Allez, viens!, Chapter 7

Histoire Finale

C'est la semaine avant le grand match! Le prof parle à l'équipe. Il dit : «Nous avons seulement une semaine pour nous mettre en condition! Nous allons faire des abdominaux, des pompes et de l'aérobic.»

Robert et Alice font des abdominaux. Robert dit : «Je n'en peux plus!» Le prof dit : «Encore un effort!» Alice répond : «Je craque!» Le prof dit : «Tu y es presque!»

Thomas et Virginie font des pompes. Thomas dit : «J'abandonne!» Le prof répond : «Courage!» Virginie dit : «Je n'en peux plus!» Le prof répond : «Allez!»

Tous ensemble, ils font de l'aérobic. Le prof demande : «Vous voulez gagner le match? Allez, courage, vous y êtes presque!»

Virginie dit : «J'ai mal aux jambes!» Thomas dit : «J'ai mal aux bras!» Robert dit : «J'ai mal au ventre!» Alice dit : «J'ai mal au dos!»

Le prof dit : «D'accord! C'est tout! Mais cette semaine, évitez de consommer trop de sucre! Évitez de consommer trop de matières grasses! Et surtout, évitez de grignoter entre les repas!»

Le jour du match, tout le monde est très fatigué. Avant d'entrer dans la salle où le match va se passer, Alice dit à Robert : «C'est la dernière fois que je fais partie du club d'échecs!»

Teacher Notes

Teaching Suggestions

- You might present the following words and gestures to aid in story comprehension.

  l'équipe link fingers together

  échecs mime moving chess pieces on an imaginary gameboard

- You might give students the meaning of **fais partie du** before presenting the story. Have them use the context of the story to tell what the last sentence means.

Using TPRS for Assessment

- List several words and have pairs of students use these words to create a story.

- You might provide the illustrations and ask students to tell or write a corresponding story. These might be all of a story's illustrations, all but the last in the series, or the first and the last only.

- Students can record their stories on audio or video tape.

- Give students a vocabulary test in which they demonstrate their comprehension of the chapter words and phrases. Items might include matching French terms to images of those terms or to their English equivalents, or answering true-false questions about a new story.

- You might test at the end of each chapter by choosing approximately fifteen words from the three **étapes** and having partners create a new story using all of the words. At the end of a determined amount of time, ask each pair of students to tell their story to the class. You may grade each student individually on content, comprehensibility, fluency, accuracy, quality of sentences, and appropriate usage of vocabulary.

C'était comme ça

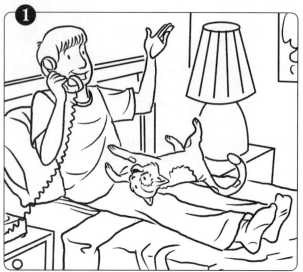

Vocabulaire

...lui manque
regretter
Tu vas te plaire ici.
bruyant(e)

sale
stressant(e)
tranquille
propre

relaxant(e)
génial

Mini-histoire

Jean a un chat, Zola. Aujourd'hui son chat n'est pas content parce que Jean parle au téléphone tout le temps et ne fait pas attention à lui. Le chat quitte la maison à la recherche d'une autre famille. Une petite fille, Camille, le trouve dans le parc et l'emmène chez elle. Mais après une minute Jean lui manque. Le chat regrette sa maison. Camille dit au chat : «Tu vas te plaire ici.» Mais ce qui manque au chat, c'est sa famille. Chez Camille, c'est bruyant, sale et stressant. Elle est gentille, mais, elle aussi, elle parle tout le temps au téléphone et elle écoute de la musique très forte nuit et jour. Sa chambre est sale parce qu'elle mange dans sa chambre et qu'elle ne fait jamais le ménage. Le chat pense beaucoup à la maison de Jean. Chez Jean, c'est tranquille, propre et relaxant. C'est génial chez Jean! Le chat est triste.

Teacher Notes

TPRS Gestures

...lui manque put both your hands over your heart

regretter put both your hands over your heart (same as lui manque)

Tu vas te plaire ici. make the thumbs-up sign; then put it on your desk (the desk symbolizes "here")

bruyant(e) put both your hands over your ears

sale smudge (or step on) a white piece of paper, tape this to the chalkboard, and point to this paper to teach "dirty"

stressant(e) mime biting your nails

tranquille imitate yoga position

propre rub one of your hands with the other, as if to get it "clean"

relaxant(e) clasp both of your hands behind your head, as if "taking it easy"

génial make the thumbs-up sign and smile

Teaching Suggestions

• Lui manque and il regrette both have the same gesture because they are related in meaning. Allow students to substitute one for the other.

• You might want to tell students that French speakers use the tu form when talking to a pet.

• You might give students the meaning of faire attention à, emmener, and quitter before presenting the story.

Additional Vocabulary

mortel (mortelle) sigh of boredom
animé(e) open and close hands rapidly

Vocabulaire

je faisais la sieste
je faisais toujours des bêtises
j'ennuyais…
je n'avais pas de responsabilités
je taquinais

j'étais un petit diable
c'était rigolo
un petit ange
coquin

Mini-histoire

Le chat habite toujours chez Camille. Mais maintenant, elle lui demande de faire le ménage et il y a d'autres chats dans la chambre! Camille va souvent au parc et elle trouve toujours un nouveau chat. Il ne peut pas dormir parce que Camille chante avec la musique qu'elle écoute et les autres chats chantent avec elle. Zola pense beaucoup à Jean. Il pense : «Quand j'étais chez Jean, je faisais la sieste avec lui. Je faisais toujours des bêtises. J'ennuyais Jean. Je n'avais pas de responsabilités. Je taquinais Jean et j'étais un petit diable. Mais c'était rigolo! Maintenant je vais retourner chez Jean et je vais être un petit ange.» Le chat prend le bus et il retourne chez Jean mais il oublie très vite ses promesses; il fait toujours beaucoup de bêtises : Il taquine Jean quand il dort, il mange ses devoirs et il joue avec ses poissons. Ce n'est pas un petit ange. Zola est toujours très coquin!

Teacher Notes

TPRS Gestures

je faisais la sieste mime sleeping, with clasped hands against your face

je faisais toujours des bêtises mime throwing your book or pencil on the floor

j'ennuyais mime pulling on someone's shirt/blouse

je n'avais pas de responsabilités put your hand on your shoulder (this represents "shouldering" a responsibility) and shake your head "no"

je taquinais mime poking someone with your index finger

j'étais un petit diable put index fingers to the side of your head, representing horns

c'était rigolo mime laughing

un petit ange make a circle with your thumbs and middle fingers put together and put over your head, representing a halo

coquin stick out your tongue

Teaching Suggestions

• You might want to explain to students that to *think of someone/something* in French is **penser à**.

• You may want to have students throw their hand back to represent the past after miming a verb in the imperfect.

• Have students tell why the imperfect tense is being used in this story (the cat is thinking about what it used to/would do in Jean's house).

Additional Vocabulary

j'avais des soucis mime carrying something heavy and look sad

Vocabulaire

Si on visitait... ?	un tam-tam	un panier
une mosquée	un masque	un pagne
au marché	des poteries	Si on allait... ?

Mini-histoire

Philippe habite au Québec. C'est l'hiver. Il neige beaucoup et il fait très froid. Philippe regarde beaucoup la télévision. Il joue beaucoup à des jeux vidéo. Il s'ennuie. Alors, il décide de rendre visite à son correspondant Yapo en Côte d'Ivoire.

Yapo lui demande : «Si on visitait la mosquée?» Philippe répond : «Pourquoi?» Yapo dit : «C'est la plus belle mosquée d'Abidjan! Elle va te plaire!» Philippe lui dit : «Non, je ne veux pas.» Yapo lui demande : «Si on allait au marché?» Philippe repond : «Pourquoi? Qu'est-ce qu'il y a au marché?» Yapo dit : «Il y a des vendeurs de tam-tams, de masques, de poteries, de paniers, de pagnes... C'est génial!» Philippe dit : «Bof.» Yapo dit : «Qu'est-ce que tu veux faire, alors?» Philippe dit : «Si on allait chez toi? On peut regarder la télévision et jouer à des jeux vidéo.» Yapo répond : «Comme tu veux!»

Teacher Notes

TPRS Gestures

Si on visitait... ? make a question mark in the air, then point to both your eyes

une mosquée trace the outline of a building with both your index fingers in the air; start with both fingers on "top" of the building, then separate them to outline the two sides of a building

au marché mime browsing through an outdoor display

un tam-tam mime beating on a drum with your hands

un masque spread the fingers of one of your hands and put it over your face

des poteries imitate making pottery with a pottery wheel

un panier approximate the size of a basket (relatively wide) with your hands

un pagne mime wrapping a piece of cloth around your waist

Si on allait... ? make a question mark in the air, then mime walking with fingers

Teaching Suggestions

- You may want to make sure that students understand what **Si on allait... ?** and **Si on visitait... ?** mean as you do the hand gestures.
- Have students recreate the conversation with Yapo and Philippe in an outdoor market in Côte d'Ivoire.

Additional Vocabulary

un tissu feel a fabric you are wearing with your fingers

un maquis mime drinking a soft drink

Histoire Finale

Robert est chez lui. Il aime bien la musique mais sa radio ne marche pas. Donc, il va en Côte d'Ivoire chez Yapo pour acheter un tam-tam parce qu'il adore la musique. D'abord, il va au marché et il achète un tam-tam. Il achète aussi un pagne, des poteries, des tissus, des masques et des paniers pour sa mère. Après il va au maquis prendre un coca avec Yapo. Ensuite Yapo lui dit : «Si on allait à la maison? Il fait trop chaud ici.» Enfin, Robert et Yapo rentrent à la maison et Yapo lui dit : «Tu vas te plaire ici.»

Mais Robert joue du tam-tam nuit et jour. C'était très propre et relaxant chez Yapo. Maintenant c'est bruyant et stressant parce que Robert joue du tam-tam tout le temps. C'est aussi très sale parce que Robert adore les animaux; il y a une vache, une chèvre et deux chiens dans la maison. Yapo pense : «C'était tranquille ici. Je faisais la sieste et je n'avais pas de responsabilités. C'était génial. Maintenant Robert m'ennuie. La vie tranquille me manque.» Yapo achète une autre maison très loin de la maison où Robert joue du tam-tam et fait beaucoup de bêtises.

Teacher Notes

Teaching Suggestions

- You may want to practice higher numbers with students before reading the story. Allow students to substitute any higher number for the price given in the story.
- Stress to students that Côte d'Ivoire, like other African countries, does not use the euro as in France but rather a local currency (the CFA in the case of Côte d'Ivoire).
- You might explain to students that **marcher** can also mean *to work/to function,* as it does in this story.
- You might give students the meaning of **vache** and **chèvre** before presenting the story, or have them guess their meaning using the illustrations.

Using TPRS for Assessment

- List several words and have pairs of students use these words to create a story.
- You might provide the illustrations and ask students to tell or write a corresponding story. These might be all of a story's illustrations, all but the last in the series, or the first and the last only.
- Students can record their stories on audio or video tape.
- Give students a vocabulary test in which they demonstrate their comprehension of the chapter words and phrases. Items might include matching French terms to images of those terms or to their English equivalents, or answering true-false questions about a new story.
- You might test at the end of each chapter by choosing approximately fifteen words from the three **étapes** and having partners create a new story using all of the words. At the end of a determined amount of time, ask each pair of students to tell their story to the class. You may grade each student individually on content, comprehensibility, fluency, accuracy, quality of sentences, and appropriate usage of vocabulary.

French 2 Allez, viens!, Chapter 9

Vocabulaire

de bonne humeur
amoureux (amoureuse)
inquiet (inquiète)

fâché(e)
furieux (furieuse)
déprimé(e)

gêné(e)
quitter
de mauvaise humeur

Mini-histoire

Aujourd'hui, Lucie est de bonne humeur. Elle va voir son acteur préféré dans un film. Il est très beau et Lucie pense beaucoup à lui. Elle est amoureuse de lui! Elle va au cinéma mais elle est inquiète parce que l'acteur parle avec une autre femme dans le film. Après, elle est fâchée parce qu'il prend la main de la fille dans le film. Finalement, elle est furieuse quand il embrasse la main de la femme. Maintenant Lucie est très déprimée et gênée et elle quitte le cinéma. Elle est de mauvaise humeur.

Teacher Notes

TPRS Gestures

de bonne humeur smile
amoureux (amoureuse) put both your hands over your heart and smile
inquiet (inquiète) wrinkle your forehead
fâché(e) raise one fist (in anger)
furieux (furieuse) raise both fists (in anger)
déprimé(e) hang your head, as if depressed
gêné(e) put hands to cheeks and look upset
quitter make fingers "walk" to symbolize leaving
de mauvaise humeur frown

Teaching Suggestions

- You may want to have students tell the story from the view of a boy who goes to the movies to see his favorite actress.
- You might give students the meaning of **embrasser** before presenting the story.
- The **Deuxième étape** continues Lucie's story. As a challenge, you might consider presenting them together or using them as a review for the two **étapes**.

Additional Vocabulary

Je me demande... tap chin and look up
Je ne crois pas. shake head "no"
mal à l'aise move about uncomfortably
énervé(e) shake your finger at someone, as if you were annoyed with him/her

Tu connais la nouvelle?

DEUXIEME ETAPE

French 2 Allez, viens!, Chapter 9

Vocabulaire

faire la tête	tomber amoureuse (amoureux)	rencontrer
se disputer	casser	se perdre
privé(e) de sortie	avoir rendez-vous	

Mini-histoire

Lucie est toujours de mauvaise humeur. Elle faisait la tête à la maison. Elle s'est disputée avec sa mère parce que sa mère lui a demandé de faire le ménage et Lucie n'aime pas du tout faire le ménage. Sa mère l'a privée de sortie mais Lucie a quitté la maison. Elle est allée à vélo au parc et après une minute elle a vu un garçon. Elle est tombée amoureuse de ce garçon! Elle a pensé : «J'aime bien ce garçon. Je vais casser avec cet acteur qui était avec une autre femme dans le film.» Mais le garçon lui a dit qu'il avait rendez-vous avec sa copine. Lucie a dit : «Je vais faire du vélo pour rencontrer un autre garçon.» Mais après cinq heures son vélo s'est cassé, elle s'est perdue et elle n'a pas vu de garçon. Elle a décidé de rentrer pour regarder la télévision—et peut-être pour voir un acteur mignon à la télévision. Pauvre Lucie!

Teacher Notes

TPRS Gestures

faire la tête stick out your bottom lip and frown, as if pouting

se disputer raise your fist in anger

privé(e) de sortie raise your open hand as if to forbid someone to do something

tomber amoureuse (amoureux) mime daydreaming and sigh

casser mime breaking a stick in two

avoir rendez-vous mime writing down a date in your appointment book (can be represented by your open palm)

rencontrer mime shaking hands with someone

se perdre point both index fingers to a side, then to the middle, then to the other side

Teaching Suggestions

• Before you present the story to students, you might teach the **passé composé** and the **imparfait** using page 265 of the *Pupil's Edition*. Then, after you present the story, have students tell you why the two tenses were used in the story.

• You might prefer to present the verb forms in the past instead of the infinitive form, depending on your students' mastery of the formation of the two tenses.

• Have students explain the difference between **casser avec cet acteur** and **son vélo s'est cassé**.

• You might explain to students that **copine** can also mean *girlfriend*.

Additional Vocabulary

a eu un accident make a fist with both hands, then "slam" them together

tomber en panne glide your hand through the air, then suddenly drop it

French 2 *Allez, viens!*, Chapter 9

Vocabulaire

A propos,…	c'est-à-dire	bref	heureusement
être en train de	tu vois	malheureusement	
tout à coup	A ce moment-là,…	un profil	
un ver de terre	soulever	finalement	

Mini-histoire

Charles la crevette parle avec son ami, Pierre le poisson. Charles dit : «A propos, Pierre, qu'est-ce que tu as fait hier?» Pierre répond : «C'était très bizarre. J'étais en train de me brosser les dents. Tout à coup, un ver de terre est tombé dans l'eau à côté de moi! Ça n'arrive pas très souvent. C'est-à-dire que les vers de terre restent sur terre et n'entrent presque jamais dans l'eau, tu vois. J'avais un peu faim. Alors, je l'ai mangé. A ce moment-là, j'ai eu un mal horrible dans la bouche! Quelque chose m'a soulevé dans l'air! J'étais étonné!» Charles dit : «Qu'est-ce qui s'est passé?» Pierre répond : «Bref, ces deux créatures m'ont regardé, m'ont mesuré (à propos, je mesure 50 centimètres). Et puis, ils ont pris une photo de moi! Malheureusement, ce n'était pas mon meilleur profil. Finalement, ils m'ont remis à l'eau.» Charles dit : «Heureusement!» et Pierre répond : «Tu parles, Charles!»

Teacher Notes

TPRS Gestures

A propos,… raise your index finger as if to ask "by the way…"

être en train de glide your open hand across the desk

tout à coup quickly clap hands together

un ver de terre mime putting bait on a fishing hook

c'est-à-dire start with both hands in front of you, then spread them apart, as in a gesture that is made when you want someone to clarify something or you want to continue with your explanation

tu vois point to a student in the class and then point to your eye

A ce moment-là,… point to watch

soulever mime raising something up

bref snap your fingers

malheureusement thumb down

un profil outline profile with fingers

finalement hold up all five fingers

heureusement thumb up

Teaching Suggestions

- You might give students the meaning of **bizarre, presque,** and **remis** before presenting the story.
- As a challenge, have students continue the conversation with Pierre telling Charles about an unusual day.

Additional Vocabulary

donc move your open hand (upturned) away from you as when gesturing when you want to continue with a story

alors move your open hand (upturned) away from you as when gesturing when you want to continue with a story

étonné(e) look surprised

Tu connais la nouvelle?

HISTOIRE FINALE

French 2 Allez, viens!, Chapter 9

Histoire Finale

Thérèse parle au téléphone avec son amie Lucie.

Lucie lui dit : «Je ne t'ai pas téléphoné hier soir parce que je faisais la tête dans ma chambre. J'ai eu un petit accident avec la voiture de ma mère et maintenant je suis privée de sortie.»

Thérèse dit : «Courage! Ça va aller mieux. A propos, tu ne vas jamais deviner ce qui s'est passé hier!»

Lucie s'exclame : «Raconte!»

Thérèse commence : «J'étais en train de faire du jogging dans le parc et j'ai vu un très beau garçon. Je suis tombée amoureuse! Et j'avais de la chance : Cupidon était dans le parc aussi. Il mangeait un sandwich sur un banc. Donc, je lui ai demandé : «Est-ce que tu peux m'aider?» Heureusement, il voulait bien m'aider. Il a pris une flèche, il a tiré et... »

Lucie demande : «Qu'est-ce qui s'est passé?»

Thérèse répond : «Malheureusement, à ce moment-là, Thierry, le copain d'Annette, est passé devant le beau garçon! Alors, maintenant, Thierry est amoureux de MOI!»

Lucie demande : «Et Annette?»

Thérèse répond : «Elle est très fâchée. Et moi, je suis très déprimée. Thierry et Annette ont cassé et moi, je n'ai pas rencontré le garçon du parc.»

Teacher Notes

Teaching Suggestions

- You might want to present these gestures before starting the story. Students did not use these gestures in the previous stories.

  tu ne vas jamais deviner make a question mark in air and then shake your head "no"

  Raconte! link fingers and look excited

- Since some students may not be familiar with Cupid, you might discuss Cupid before presenting the story. Have students use the context to determine the meaning of **flèche** and **tirer**.

Using TPRS for Assessment

- List several words and have pairs of students use these words to create a story.

- You might provide the illustrations and ask students to tell or write a corresponding story. These might be all of a story's illustrations, all but the last in the series, or the first and the last only.

- Students can record their stories on audio or video tape.

- Give students a vocabulary test in which they demonstrate their comprehension of the chapter words and phrases. Items might include matching French terms to images of those terms or to their English equivalents, or answering true-false questions about a new story.

- You might test at the end of each chapter by choosing approximately fifteen words from the three **étapes** and having partners create a new story using all of the words. At the end of a determined amount of time, ask each pair of students to tell their story to the class. You may grade each student individually on content, comprehensibility, fluency, accuracy, quality of sentences, and appropriate usage of vocabulary.

Je peux te parler?

Vocabulaire

J'ai un problème.
Tu as une minute?
Qu'est-ce qu'il y a?
Je t'écoute.
Je ne sais pas quoi faire.

Téléphone-lui.
Explique-lui…
Ecris-lui.
Oublie-la!
pardonner

Mini-histoire

Robert a téléphoné à Alice et il lui a dit : «J'ai un problème. Tu as une minute?» Alice lui a répondu : «Qu'est-ce qu'il y a? Je t'écoute.» Robert a dit : «Marie ne me parle pas et je ne sais pas quoi faire.» Alice a demandé : «Qu'est-ce qui s'est passé?» Robert a dit : «J'ai oublié son anniversaire.» Alice a dit : «Téléphone-lui et explique-lui ce qui s'est passé.» Robert a dit : «Je lui ai téléphoné! On a pris rendez-vous samedi soir. J'étais en train d'aller chez elle quand ma voiture est tombée en panne! Je lui ai téléphoné, mais elle n'a pas répondu.» Alice a dit : «Ecris-lui une lettre.» Robert a dit : «Je lui ai écrit une lettre, mais j'ai écrit *Chère Monique, tu me manques!* par accident! Monique, c'est mon ancienne copine!» Alice a dit : «Oh là là! Oublie-la! Elle ne va jamais te pardonner maintenant!»

Teacher Notes

TPRS Gestures

J'ai un problème. scrape your knuckles against each other, once up and once down

Tu as une minute? make a question mark in the air, then raise your index finger

Qu'est-ce qu'il y a? make a question mark in the air, then point to a student and shrug your shoulders

Je t'écoute. put your hand to your ear and then point to a student

Je ne sais pas quoi faire. shrug your shoulders and shake your head "no"

Téléphone-lui. mime dialing a phone and point to a student

Explique-lui… make a "list" with fingers and point to a student

Ecris-lui. mime writing and point to a student

Oublie-la! touch temple and make pulling motion away from head

pardonner mime pleading for forgiveness and nod

Teaching Suggestions

- Have students work with a partner. One student plays the role of Robert and the other the role of his friend, Alice. Have Robert tell Alice about his problem and ask for advice. Alice should offer advice about the situation.

- You might explain to students that in this context, **ancienne** means *former,* not *ancient.*

- After presenting the story, verify comprehension by asking students to name the reasons why Marie is upset with Robert.

Additional Vocabulary

Qu'est-ce que tu me conseilles? make a question mark in their air; point to a student and then back to yourself

Parle-lui. move your thumb and fingers together so your hand "talks" and then point to a student

Vocabulaire

faire une boum	Bien sûr.	Ça t'ennuie de… ?
Tu peux m'aider… ?	Ça t'embête de… ?	envoyer les invitations
Tu pourrais préparer… ?	choisir la musique	Pas du tout.
les amuse-gueule	Pas de problème.	

Mini-histoire

Pour l'anniversaire de son chien, Annick voulait faire une boum. Donc, elle a parlé avec ses amis. D'abord, elle a téléphoné à Alice et lui a demandé : «Tu peux m'aider à tout organiser? Tu pourrais préparer les amuse-gueule?» Alice a répondu : «Bien sûr.» Ensuite, elle a téléphoné à Robert et lui a demandé : «Ça t'embête de choisir la musique?» Robert a répondu : «Pas de problème.» Enfin, Alice a téléphoné à Jean et lui a demandé : «Ça t'ennuie d'envoyer les invitations?» Jean a dit : «Pas du tout.»

Mais le jour de la boum arrive et Alice n'a rien préparé. Robert n'a pas choisi la musique. Jean n'a pas envoyé les invitations. Tout le monde est fâché parce qu'il n'y a rien à manger, il n'y a pas de musique et il n'y a pas d'autres invités.

Mais le chien est content parce que le chat de Jean est là. Le chien a joué avec le chat tout l'après-midi.

Teacher Notes

TPRS Gestures

faire une boum swing your hands in front of you, from side to side

Tu peux m'aider… ? make a question mark in the air; then make a fist with your left hand; put your right hand under it and push your fist up with your hand

Tu pourrais préparer… ? make a question mark in the air and move both open hands in a series of small arcs from one side of your body to the other

les amuse-gueule mime picking up a small appetizer with your fingers

Bien sûr. shake your head up and down

Ça t'embête de… ? make a question mark in the air, bend your fingers into a "claw" hand and move it towards your face

choisir la musique display two CDs on the chalkboard tray; point to one of the CDs (to choose it)

Pas de problème. shake your head sideways

Ça t'ennuie de… ? make a question mark in the air, bend your fingers into a "claw" hand and move it towards your face

envoyer les invitations mime putting invitations in a mailbox

Pas du tout. shake your head sideways

Teaching Suggestions

- Some of the vocabulary expressions have the same gestures because they are synonyms. Allow students to substitute one for the other.

- Have students recreate the conversation, only having Alice's friends make excuses instead of granting the favors.

Additional Vocabulary

faire le ménage mime cleaning or dusting off your desk

Je n'ai pas le temps. cover watch with hand

Vocabulaire

T'en fais pas.	C'est de ma faute.	Il n'y a pas de mal.
Excuse-moi.	Tu ne m'en veux pas trop?	Désolé(e).
Tu aurais dû...	Ce n'est pas grave.	

Mini-histoire

Demain, c'est l'anniversaire de la grand-mère de Danielle. Danielle voudrait faire une boum pour sa grand-mère, mais sa maison est très petite. Son ami Patrick dit : «On peut faire la boum chez moi. Et t'en fais pas! Moi, je vais tout organiser!» Patrick s'occupe d'envoyer les invitations, de choisir la musique et de préparer les amuse-gueule. Le jour de la boum, Danielle arrive avec sa grand-mère. Patrick ouvre la porte et crie : «Bon anniversaire!» Danielle et sa grand-mère sont étonnées. On a mis un CD de musique rap! Une foule de jeunes gens de seize ans dansent au son de la musique! Il y a dix pizzas sur la table! Danielle dit : «Patrick! Qu'est-ce que tu as fait? C'est l'anniversaire de ma grand-mère!» Patrick est gêné. Il dit : «Excuse-moi! Je pensais que c'était l'anniversaire de ta cousine!» Danielle dit : «Tu aurais dû envoyer des invitations aux amis de ma grand-mère!» Patrick dit : «C'est de ma faute! J'aurais dû t'écouter!» Danielle dit : «Tu aurais dû choisir des CDs de musique classique!» Patrick répond : «Tu ne m'en veux pas trop?» Danielle répond : «Non, ce n'est pas grave. Il n'y a pas de mal.» Patrick dit : «Désolé!» Tout à coup, ils remarquent que la grand-mère de Danielle est en train de danser! Puis, la grand-mère dit : «Patrick! Cette pizza, elle est délicieuse! J'aime beaucoup la musique!» Maintenant Danielle et Patrick sont tous les deux étonnés!

Teacher Notes

TPRS Gestures

T'en fais pas. look worried and shake head "no"

s'occuper de mime grabbing something and running with it

Excuse-moi. brush the fingertips of one hand against the open palm of your other hand to represent brushing aside mistakes

Tu aurais dû... put your open palm towards you, then push it away from you

C'est de ma faute. point your index finger to yourself and nod your head "yes"

Tu ne m'en veux pas trop? make a question mark in the air; then make a fist and point your index finger to yourself

Ce n'est pas grave. clutch hands tightly and shake head "no"

Il n'y a pas de mal. same gesture as **Ce n'est pas grave.**

Désolé(e). make a fist and lightly "pound" your heart (symbolizes remorse)

Teaching Suggestions

• This **étape** is rich in synonyms; therefore some expressions have the same gestures. You might want to substitute one for the other when retelling the story so students realize that these expressions can replace one another.

• You might give students the meaning of **s'occuper de** and **foule** before presenting the story.

Additional Vocabulary

J'aurais dû... put your open palm away from you; then bring it towards you.

J'aurais pu... nod your head once downward

Ça ne fait rien. same gesture as **Ce n'est pas grave.**

Je peux te parler?

Histoire Finale

Vendredi, Marie a refusé de parler à Robert. Elle était fâchée parce que jeudi soir ils avaient rendez-vous devant le cinéma. Elle a attendu Robert deux heures sous la pluie, mais Robert n'est pas venu parce qu'il dormait.

Robert est allé chez Marie. Il lui a dit : «Excuse-moi. J'ai oublié notre rendez-vous. C'est de ma faute. Tu ne m'en veux pas?»

Marie a répondu : «J'aurais dû aider ma grand-mère aujourd'hui, mais je ne peux pas maintenant. Je suis malade parce que je t'ai attendu deux heures sous la pluie. Tu peux l'aider? Elle habite dans une maison blanche en face du parc.»

Robert a répondu : «Bien sûr.» Il est allé à la maison de la grand-mère de Marie. Mais il y avait deux maisons blanches en face du parc. Il est allé à la première maison blanche et il a demandé à la dame : «Excusez-moi, madame. Vous êtes la grand-mère de Marie?» La femme a répondu : «Oui.» Robert a dit : «Marie est malade aujourd'hui. Je peux vous aider?»

La femme a dit : «Je vais organiser une boum demain. Tu pourrais préparer les amuse-gueule?» Robert a répondu : «Bien sûr.» et il les a préparés. La femme lui a demandé : «Tu peux faire le ménage?» Robert a dit : «Pas de problème.» et il l'a fait. La femme lui a demandé : «Ça t'embête de choisir la musique?» Robert a répondu : «Pas du tout» et il l'a choisie.

Enfin Robert a dit : «Au revoir, madame, je vais aider Marie à faire ses devoirs.» La femme a dit : «Mais, Marie a trente ans!» Robert a demandé : «Vous n'êtes pas Madame Lenoir?» La femme a répondu : «Non, Madame Lenoir habite dans l'autre maison blanche. Moi, je suis Madame Simon.»

Robert était très fâché. Il n'était pas allé à la bonne adresse. Mais la femme était très contente. Elle a dit : «Ça ne fait rien. Il n'y a pas de mal. Merci, jeune homme.»

Teacher Notes

Teaching Suggestions
- To verify comprehension after presenting the story, have students tell why Robert is upset.
- As a challenge, have students write a short story to continue this story. The story should be a conversation between Marie and Robert. They will be talking about the misunderstanding that occurred.

Using TPRS for Assessment
- List several words and have pairs of students use these words to create a story.
- You might provide the illustrations and ask students to tell or write a corresponding story. These might be all of a story's illustrations, all but the last in the series, or the first and the last only.
- Students can record their stories on audio or video tape.

- Give students a vocabulary test in which they demonstrate their comprehension of the chapter words and phrases. Items might include matching French terms to images of those terms or to their English equivalents, or answering true-false questions about a new story.
- You might test at the end of each chapter by choosing approximately fifteen words from the three **étapes** and having partners create a new story using all of the words. At the end of a determined amount of time, ask each pair of students to tell their story to the class. You may grade each student individually on content, comprehensibility, fluency, accuracy, quality of sentences, and appropriate usage of vocabulary.

Chacun ses goûts

Vocabulaire

Tu connais... ?	le rap	le rock
un chanteur (une chanteuse)	rit	le jazz
Bien sûr.	le country	la musique classique

Mini-histoire

Thomas va à une boum. Il y rencontre Elisabeth, une jeune fille jolie et très intelligente.

Il lui demande : «Tu aimes la musique, Elisabeth?»

Elle répond : «Oui, j'adore la musique! Tu connais Beethoven?»

Thomas répond : «Bien sûr, je connais Beethoven! C'est un chanteur de rap, n'est-ce pas?»

Elisabeth rit. Elle dit : «Non! Ce n'est pas un chanteur de rap!»

Thomas dit : «Attends! C'est un chanteur de country!»

Elisabeth rit. Elle dit : «Non! Ce n'est pas un chanteur de country non plus!»

Thomas dit : «Alors, ce doit être un chanteur de rock!»

Elisabeth rit. Elle dit : «Non! Ce n'est pas un chanteur de rock!»

Thomas demande : «Est-ce que Beethoven est un musicien de jazz?» Elisabeth rit. Elle dit : «Non! Ce n'est pas un musicien de jazz! Tu ne connais pas Beethoven? Il a écrit de la musique classique!»

Thomas dit : «Oh! Ce Beethoven-là! Bien sûr! La musique de Beethoven, c'est ma musique préférée!»

Teacher Notes

TPRS Gestures

Tu connais... ? make a question mark in the air, then tap the side of your forehead twice with your fingertips

un chanteur (une chanteuse) mime singing into a microphone

Bien sûr. shake your head up and down

le rap mime singing a rap song

rit mime laughing

le country mime putting on cowboy hat and strumming guitar

le rock mime playing drums and strumming an electric guitar

le jazz mime playing a saxophone

la musique classique mime directing an orchestra

Teaching Suggestions

• To practice the grammar on page 315 of the *Pupil's Edition,* have students retell the story, changing some sentences to use "**il est**" instead of "**c'est**".

• You might tell students that the infinitive form for **rit** is **rire**. This word is not active vocabulary in the chapter, but is presented here for story comprehension.

Additional Vocabulary

un groupe approximate the shape of a circle with your fingertips

canadien (canadienne) point to a picture of Canada taped to the chalkboard

antillais(e) point to a picture of the West Indies taped to the chalkboard

africain(e) point to a picture of Africa taped to the chalkboard

le reggae mime playing a drum with hands

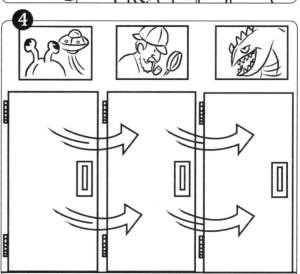

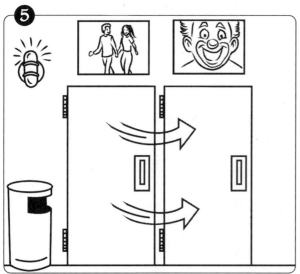

Vocabulaire

Qu'est-ce qu'on joue comme films?
un film de science-fiction
Ça commence à quelle heure?
A...

un film policier
un film d'horreur
un film d'amour
un film comique

Mini-histoire

Jean et Alice veulent aller au cinéma Multiplex ce soir. Alice lui demande : «Qu'est-ce qu'on joue comme films?» Jean répond : «Il y a un film de science-fiction.» Alice lui demande : «Ça commence à quelle heure?» Jean répond : «A 8h00.»

Jean et Alice arrivent au cinéma à 7h30, alors ils ont trente minutes. Alice dit : «Il y a un film de science-fiction et il y a aussi un film policier. Et je voudrais aussi voir ce film d'horreur. J'aime beaucoup le cinéma!» Jean répond : «Moi aussi, allons-y!»

Jean et Alice commencent par voir le film de science-fiction. Après dix minutes, ils vont voir le film policier et après vingt minutes, ils vont voir le film d'horreur. Quinze minutes plus tard, ils vont voir le film d'amour et ensuite, ils vont voir le film comique pendant cinq minutes. Après 50 minutes au Multiplex, Alice dit : «Chouette! On a vu cinq films ce soir! Maintenant j'ai faim. On va au café?»

Teacher Notes

TPRS Gestures

Qu'est-ce qu'on joue comme films? make a question mark in the air and point to a list of movie titles written on the chalkboard

un film de science-fiction put your index fingers in back of your head to represent the antennae of an alien

Ça commence à quelle heure? make a question mark in the air and look at your watch (or your wrist if you don't wear a watch)

A... point to your watch with your index finger or point to your wrist if you aren't wearing a watch

un film policier make the letter "C" with your thumb and index finger and put it over your heart (this represents a police badge)

un film d'horreur spread your fingers on both hands and move towards the center of your chest, as if you were frightened by something

un film d'amour put both hands over your heart

un film comique mime laughing hard

Teaching Suggestions

• You may want to have students answer Alice's question **On va au café?** and then continue the story.

• You might have students create some French movie marquees. Then, have them model a conversation similar to this one in the story where students decide which movie to see from the new marquees.

Additional Vocabulary

un film classique mime putting up an umbrella and singing (to represent the movie *Singing in the Rain*™)

Ça passe où? make a question mark in the air and shake your index finger from left to right

Vocabulaire

une autobiographie	C'est un navet.	un roman d'amour
C'est trop long.	un livre de poésie	déprimant
un roman de science-fiction	C'est gentillet, sans plus.	amusant(e)
C'est une histoire	un roman policier	
passionnante.	Il y a du suspense.	

Mini-histoire

Jean va à la librairie. Il y a deux vendeurs à la librairie, un homme et une femme. L'homme dit a Jean : «Vous désirez?» Jean répond : «Je vais en vacances et je cherche quelque chose à lire dans l'avion.» La femme dit : «Je vous recommande *Ma vie magnifique!* C'est une autobiographie.» L'homme dit : «Oh, non! C'est trop long. Je vous recommande *La Guerre des planètes!* C'est un roman de science-fiction. C'est une histoire passionnante.» La femme dit : «Oh, non! C'est un navet! Je vous recommande *Je cherche des fleurs pour mon amour.* C'est un livre de poésie.» L'homme dit : «Oh, non! C'est gentillet, sans plus! Je vous recommande *Les gens morts ne mangent pas de pizza!* C'est un roman policier. Il y a du suspense!» La femme dit : «Oh, non! Je vous recommande *Mon amour est parti avec mon cœur.* C'est un roman d'amour.» L'homme dit : «Oh, non! C'est déprimant!»

Enfin, Jean a dit : «Bon, merci, mais ce que je cherche, c'est la dernière bande dessinée d'Astérix! Les bandes dessinées d'Astérix sont très amusantes!»

Teacher Notes

TPRS Gestures

une autobiographie mime looking in mirror and start writing

C'est trop long. mime turning pages and looking bored

un roman de science-fiction mime opening book and holding fingers beside head to represent alien antennae

C'est une histoire passionnante. quickly bring hands together and enlace fingers

C'est un navet. sigh of boredom

un livre de poésie make a "victory" sign with your index and middle finger; then take these two fingers and swing them back and forth along your arm.

C'est gentillet, sans plus. make a half-smile

un roman policier mime holding a magnifying glass

Il y a du suspense. bite your nails

un roman d'amour put both hands over your heart

déprimant sigh and look sad

amusant(e) mime reading a book and laughing

Teaching Suggestions

- Have students role-play the discussion between the husband and wife using different books and opinions.

- You might remind students that a **bibliothèque** is a *library*, but a **librairie** is a *bookstore*.

Additional Vocabulary

On ne s'ennuie pas. twiddle your thumbs and shake your head "no"

C'est drôle. same as **amusant(e)**

C'est une belle histoire. mime opening book and put one thumb up

Chacun ses goûts

Histoire Finale

Jean et sa mère aiment bien la musique et sa mère adore aussi les livres. Ils aiment surtout la musique africaine, le reggae et le jazz. Mais ce que sa mère aime le plus comme musique, c'est la musique antillaise.

Un jour, Jean a demandé à sa mère: «Tu connais un bon groupe antillais?» Sa mère a répondu : «Bien sûr. Il y a un group formidable qui s'appelle Kassav'. Ils sont de la Guadeloupe.» Jean a dit : «Chouette! Allons-y!» Sa mère a demandé : «Où ça?» Jean a répondu : «Ben, à la Guadeloupe voir Kassav'!» Ils sont allés à l'aéroport.

Ils achetaient un billet quand la mère de Jean a demandé : «Qu'est-ce qu'on joue comme film dans l'avion?» La femme lui a répondu : «Un film policier.» La mère de Jean a dit : «Ça ne me dit rien.» Donc, Jean et sa mère ont passé la nuit à l'aéroport pour prendre un autre avion le lendemain matin. Jean a demandé à sa mère : «Tu ne dors pas?» Sa mère a répondu : «Non, je lis un livre d'amour. Il est passionnant. On ne s'ennuie pas!» Jean a dormi mais sa mère a lu son livre.

Le jour suivant, Jean et sa mère achetaient un billet quand sa mère a demandé à l'employée : «Qu'est-ce qu'on joue comme film?» L'employée a répondu : «Un film d'amour.» La mère de Jean a dit : «Zut! Je ne veux pas voir un film de ce genre.»

Jean et sa mère sont restés à l'aéroport une autre nuit. Jean a demandé : «Tu ne dors pas?» Sa mère lui a répondu : «Non, je lis un très bon livre de science-fiction; je te le recommande.» Jean a dormi mais sa mère a lu son livre.

Le jour suivant, Jean et sa mère achetaient un billet quand la mère de Jean a demandé : «Qu'est-ce qu'on joue comme film?» L'employée a répondu : «Aujourd'hui on joue deux films : un film d'horreur et un film comique.» Sa mère a dit : «Cool!»

La mère de Jean n'a pas du tout dormi pendant deux nuits, alors, elle a dormi pendant les deux films. Mais Jean a bien aimé les films.

Teacher Notes

Teaching Suggestions
- You might want to have students substitute the titles of current films for the types of films shown on the airplane.
- As a prereading activity you may want to have students do a matching activity, matching titles of current films with types of films.

Using TPRS for Assessment
- List several words and have pairs of students use these words to create a story.
- You might provide the illustrations and ask students to tell or write a corresponding story. These might be all of a story's illustrations, all but the last in the series, or the first and the last only.
- Students can record their stories on audio or video tape.

- Give students a vocabulary test in which they demonstrate their comprehension of the chapter words and phrases. Items might include matching French terms to images of those terms or to their English equivalents, or answering true-false questions about a new story.
- You might test at the end of each chapter by choosing approximately fifteen words from the three **étapes** and having partners create a new story using all of the words. At the end of a determined amount of time, ask each pair of students to tell their story to the class. You may grade each student individually on content, comprehensibility, fluency, accuracy, quality of sentences, and appropriate usage of vocabulary.

Vocabulaire

un orignal	faire du canotage	une mouffette
Où se trouve… ?	un canard	faire une randonnée pédestre
au nord de	faire du vélo de montagne	un ours

Mini-histoire

Annick voulait faire des photos d'un orignal pour son cours de biologie. Elle est allée au Canada pendant le week-end parce qu'il y a beaucoup d'orignaux au Canada.

Elle a vu un homme et elle lui a demandé : «Où est-ce qu'il y a un parc où on peut voir des orignaux, s'il vous plaît?» L'homme lui a répondu : «Il y a un parc au nord d'ici.» Annick a trouvé le parc et elle a fait du canotage. Elle a vu des canards, mais pas d'orignaux. Elle a fait du vélo de montagne. Elle a vu des mouffettes, mais pas d'orignaux. Elle a fait une randonnée pédestre. Elle a vu des ours, mais pas d'orignaux.

Annick est rentrée chez elle et elle a téléphoné à Lucie. Lucie lui a demandé : «Qu'est-ce qu'il y a?» Annick lui a répondu : «Ça va mal parce que je suis allée au Canada mais je n'ai pas vu d'orignaux.» Lucie lui a dit : «Ben, moi, j'ai vu un orignal hier!» Annick lui a demandé : «Où ça?» Lucie a répondu : «Au zoo!» Annick a dit : «Génial! Allons-y!» Cinq minutes plus tard, elles étaient au zoo. Annick y a vu beaucoup d'orignaux. Elle a pris 133 photos parce qu'elle voulait une photo de chaque orignal.

Teacher Notes

TPRS Gestures

un orignal spread fingers of both hands and put your thumbs on your temples (symbolizes moose antlers)

Où se trouve… ? make a question mark in the air and shake your index finger from side to side, as if trying to figure out where something is located

au nord de point up (north) with your index finger

faire du canotage mime paddling a canoe

un canard say "quack"

faire du vélo de montagne mime riding a mountain bike (both of your hands on the handlebars and your head down)

une mouffette hold your nose

faire une randonnée pédestre mime having a walking stick in your hand

un ours mime growling like a bear

Teaching Suggestions

• You may want to review the formation of the plural for words ending in -al (**animal→animaux, journal→ journaux, orignal→orignaux**) before presenting the story.

• You might give students the meaning of **chaque** before presenting the story.

Additional Vocabulary

un écureuil mime nibbling on a nut
On peut… nod your head down once

Vocabulaire

une tente	Je meurs de soif!	Je suis fatigué(e).
un sac de couchage	Je crève de faim!	J'abandonne!
une lampe de poche	Je n'en peux plus!	Allez!
suivre un sentier balisé	On y est presque!	

Mini-histoire

Deux frères, Julien et Laurent, vont faire du camping. Ils ont leur tente, leurs sacs de couchage et une lampe de poche. Leurs sœurs, Juliette et Karine, veulent aussi faire du camping. Julien dit : «Non, faire du camping, ce n'est pas pour les filles!» Laurent dit : «Les filles ne sont pas assez fortes. Vous êtes trop faibles pour faire du camping!» Juliette dit : «Mon œil!» Karine dit : «N'importe quoi!» Alors, ils partent ensemble faire du camping. Le terrain de camping est au sommet d'une montagne. Ils suivent un sentier balisé. Après une heure, Julien dit : «Je meurs de soif! Laurent, donne-moi la bouteille d'eau.» Laurent dit : «Je pensais que toi, tu allais emporter la bouteille d'eau!» Juliette et Karine n'ont pas soif parce qu'elles ont emporté des bouteilles d'eau minérale. Après deux heures, Laurent dit : «Je crève de faim! Julien, donne-moi un des sandwiches au jambon!» Julien dit : «Je pensais que toi, tu allais emporter les sandwiches au jambon!» Juliette et Karine n'ont pas faim parce qu'elles ont emporté des sandwiches au fromage. Après trois heures, Julien dit : «Je n'en peux plus!» Juliette dit : «On y est presque!» Laurent dit : «Je suis très fatigué! J'abandonne!» Karine dit : «Allez!» Après deux heures, ils arrivent au terrain de camping. Il commence à pleuvoir. Juliette et Karine entrent dans leur tente, mais la tente de Julien et Laurent est cassée. Après dix minutes, ils demandent aux filles : «Est-ce qu'on peut partager votre tente?» Juliette répond : «Oui, mais d'abord, vous devez dire *Les filles sont aussi fortes que les garçons!*»

Teacher Notes

TPRS Gestures

une tente make a triangle with three fingers

un sac de couchage mime rolling something up and then close eyes

une lampe de poche mime shining flashlight

suivre un sentier balisé push both of your hands forward on your desk, your hands should be parallel to each other, with a narrow space in between to symbolize a path

Je meurs de soif! hold your throat with both hands

Je crève de faim! hold your stomach with both hands

Je n'en peux plus! lower your head and shake it from side to side

On y est presque! point to something in front of you and clap hands

Je suis fatigué(e). mime yawning

J'abandonne! flick your hand away from yourself, as if to say "Forget it!"

Allez! motion for someone to come along with you with your hand

Teaching Suggestions

- You might give students the meaning of **faible** before presenting the sory.
- Have students continue the story with how the camping trip finally ends.

Additional Vocabulary

Je craque! mime cracking an egg

J'ai peur! mime biting nails of both hands

Courage! pat the bottom of your chin with the top of your hand (symbolizes "Keep your chin up!")

French 2 Allez, viens!, Chapter 12

Vocabulaire

avait l'air ensuite était
d'abord après ça finalement

Mini-histoire

Jean faisait du camping avec son chat. Ils ont fait une randonnée et Jean a pris une photo de son chat, Zola. Mais il y avait un autre animal derrière Zola : c'était un orignal!

Jean a pris beaucoup de photos de cet orignal parce que, l'orignal est son animal préféré, après son chat. Mais Zola avait l'air fâché parce que Jean a pris une seule photo de lui.

Après avoir pris 199 photos de l'orignal, Jean a vu que son chat n'était plus là. Il l'a cherché partout. D'abord, il est allé à la rivière, mais il n'a pas vu son chat. Ensuite il est allé sur le sentier balisé mais il n'a pas vu Zola. Après ça, il est retourné au camping; il était triste mais il était aussi très fatigué. Finalement, Jean s'est couché.

Jean n'a pas bien dormi parce qu'il pensait à son chat. Quand il s'est réveillé le matin, il a vu Zola : il dormait sur son sac de couchage!

Teacher Notes

TPRS Gestures

avait l'air make a circle around your face with your index finger extended
d'abord grab your thumb
ensuite put your index finger on your desk; then have the finger "hop" to another spot on your desk (as people do when they want to emphasize what happened "next")
après ça put your index finger on your desk; then have the finger "hop" to two spots on your desk
était throw your hand back (symbolizes the past tense)
finalement pound your fist on your desk once

Teaching Suggestions

• Make sure students know that **était** means "was" and that they are throwing their hand back because it is a verb in the imperfect tense.
• You might want to encourage students to substitute other animals they know in place of **orignal.**

Additional Vocabulary

il y avait point somewhere to symbolize "there"; then throw your hand back (to symbolize past tense)

A la belle étoile

French 2 Allez, viens!, Chapter 12

Histoire Finale

Hélène parlait au téléphone à son amie Lucie. Elle a dit : «Ça va être chouette de faire du camping! Je te retrouve dans une heure!» Robert, le frère d'Hélène, a entendu la conversation. Il lui a dit : «Alors, tu vas faire du camping? Moi, j'ai fait du camping au Canada. Tu connais le parc de la Jacques-Cartier? Il se trouve à l'ouest du fleuve Saint-Laurent. C'est là que j'ai fait du camping. C'était magnifique! Il y avait des orignaux, des ours, des renards, des loups, des canards, et beaucoup d'écureuils! D'abord, on a fait du canotage. Ensuite, on a fait du vélo de montagne. Après ça, on a fait une randonnée pédestre. Finalement, on a fait une randonnée en skis... Est-ce que tu vas faire tout ça?» Hélène a commencé : «Ben, on va faire du camping... »

Robert a continué : «Tu sais, si tu vas faire du camping, tu dois respecter la nature! Tu ne dois pas jeter tes déchets. Tu ne dois pas nourrir les animaux non plus. Et tu ferais bien de suivre les sentiers balisés!» Hélène a recommencé : «Bon, c'est-à-dire que,... on va faire du camping... »

Robert a continué : «Qu'est-ce que tu emportes? Ecoute. Tu devrais emporter une tente, un sac de couchage, une canne à pêche, une lampe de poche,... » Hélène a dit : «Je craque!» Robert a continué : «Courage! ... des allumettes, de la lotion anti-moustique, une trousse de premiers soins,... » Hélène a dit : «J'abandonne!» Mais Robert a continué : «Allez!... et surtout une boussole! Voilà! Amuse-toi bien et fais attention aux ours!»

Quand Hélène est arrivée chez Lucie, Lucie lui a demandé : «Oh là là! Qu'est-ce que c'est que tout cela?»

Hélène a répondu : «C'est de mon frère! Je ne savais pas comment lui dire que nous faisions du camping dans ton jardin!»

Teacher Notes

Teaching Suggestions

- You might provide these gestures for the following terms:

  Tu ne dois pas jeter tes déchets. mime crumpling paper up and shake head no

  Tu ne dois pas nourrir les animaux. mime feeding animals and shake head "no"

- In preparation for the Final Exam, have students retell the stories of some of their favorite characters from the previous chapters in the *TPR Storytelling Book.* You might have students work in groups and assign a character to each group. Groups should put together an illustrated story book that relates the events of their character.

Using TPRS for Assessment

- List several words and have pairs of students use these words to create a story.
- You might provide the illustrations and ask students to tell or write a corresponding story. These might be all of a story's illustrations, all but the last in the series, or the first and the last only.

- Students can record their stories on audio or video tape.

- Give students a vocabulary test in which they demonstrate their comprehension of the chapter words and phrases. Items might include matching French terms to images of those terms or to their English equivalents, or answering true-false questions about a new story.

- You might test at the end of each chapter by choosing approximately fifteen words from the three **étapes** and having partners create a new story using all of the words. At the end of a determined amount of time, ask each pair of students to tell their story to the class. You may grade each student individually on content, comprehensibility, fluency, accuracy, quality of sentences, and appropriate usage of vocabulary.

Oral Rubrics and
Illustration Grids

You may wish to use the following rubrics to evaluate
storytelling and oral presentations. You might have
students use the grids provided to illustrate original
stories or stories presented in the program.

Oral Rubric A

Use the following criteria to evaluate oral assignments. For assignments where comprehension is difficult to evaluate, you might want to give students full credit for comprehension or weigh other categories more heavily.

	4	**3**	**2**	**1**
Content	Complete	Generally complete	Somewhat complete	Incomplete
	Speaker consistently uses the appropriate functions and vocabulary necessary to communicate.	Speaker usually uses the appropriate functions and vocabulary necessary to communicate.	Speaker sometimes uses the appropriate functions and vocabulary necessary to communicate.	Speaker uses few of the appropriate functions and vocabulary necessary to communicate.
Comprehension	Total comprehension	General comprehension	Moderate comprehension	Little comprehension
	Speaker understands all of what is said to him or her.	Speaker understands most of what is said to him or her.	Speaker understands some of what is said to him or her.	Speaker understands little of what is said to him or her.
Comprehensibility	Comprehensible	Usually comprehensible	Sometimes comprehensible	Seldom comprehensible
	Listener understands all of what the speaker is trying to communicate.	Listener understands most of what the speaker is trying to communicate.	Listener understands less than half of what the speaker is trying to communicate.	Listener understands little of what the speaker is trying to communicate.
Accuracy	Accurate	Usually accurate	Sometimes accurate	Seldom accurate
	Speaker uses language correctly including grammar, spelling, word order, and punctuation.	Speaker usually uses language correctly including grammar, spelling, word order, and punctuation.	Speaker has some problems with language usage.	Speaker makes many errors in language usage.
Fluency	Fluent	Moderately fluent	Somewhat fluent	Not fluent
	Speaker speaks clearly without hesitation. Pronunciation and intonation sound natural.	Speaker has few problems with hesitation, pronunciation, and/or intonation.	Speaker has some problems with hesitation, pronunciation, and/or intonation.	Speaker hesitates frequently and struggles with pronunciation and intonation.

Nom _____ Classe _____ Date _____

Oral Rubric B

Assignment _____

Targeted function(s) _____

_____

Targeted vocabulary _____

Targeted grammar _____

Content	You used the functions and vocabulary necessary to communicate.	(Excellent)	4	3	2	1	(Poor)	
Comprehension	You understood what was said to you and responded appropriately.	(Excellent)	4	3	2	1	(Poor)	
Comprehensibility	The listener was able to understand what you were trying to communicate.	(Excellent)	4	3	2	1	(Poor)	
Accuracy	You used language correctly, including grammar, spelling, word order, and punctuation.	(Excellent)	4	3	2	1	(Poor)	
Fluency	You spoke clearly and without hesitation. Your pronunciation and intonation sounded natural.	(Excellent)	4	3	2	1	(Poor)	

Total Score _____

Comments _____

_____

_____

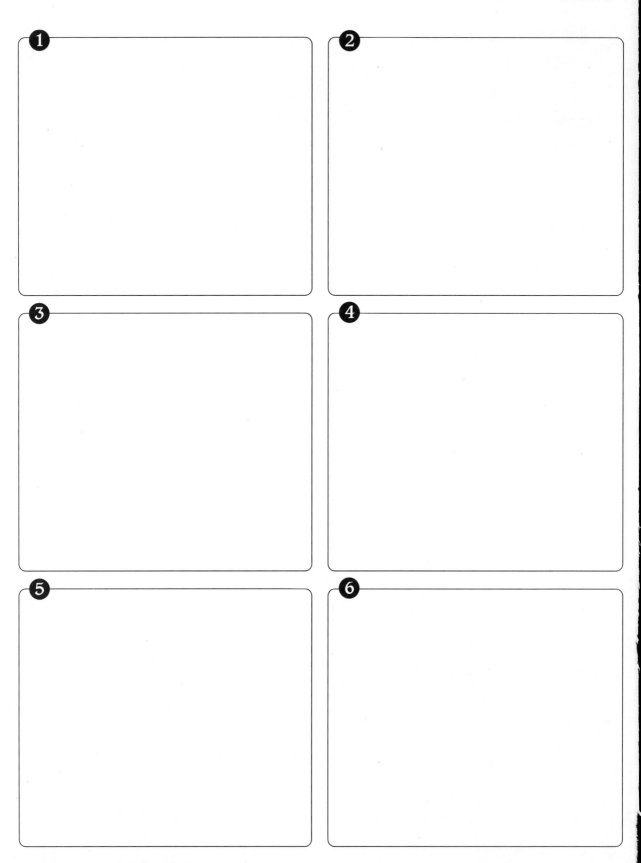

1
2
3
4
5
6

HISTOIRE FINALE

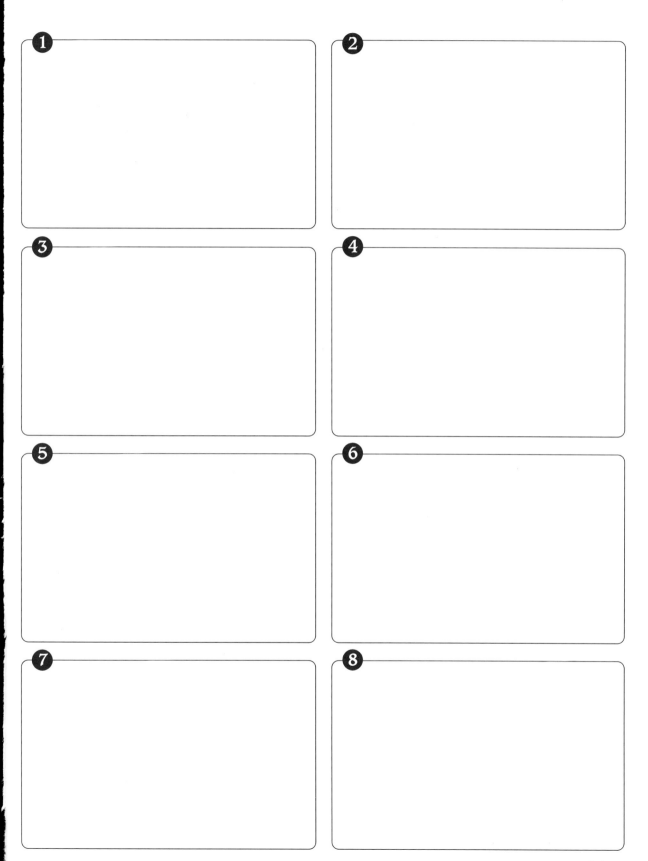

Notes